昭和政争

1

闇将軍・角栄
最後の1000日

中村慶一郎

講談社

序

田中角栄は、一九一八年（大正七年）五月四日生まれで、存命であれば令和元年に一〇一歳を迎えた。中曽根康弘元総理と同年である。

本書は、政界の中心で巨大な権力を握っていた田中の、最後の光芒を捉えた『田中角栄戦国史 政治天才・権力支配の構図』を改題、復刊したものである。

当時の政界は田中のほか、その仇敵・福田赳夫、少数派閥を率いる寝業師・三木武夫、田中の盟友・大平正芳、そして絶妙のバランス感覚で政権を手にした中曽根など、いわゆる「三角大福中」の時代であった。さらに二階堂進、後藤田正晴らが隙あらばと機を窺っていた。

派閥の数の力と露骨な利益誘導が権力の源泉で、現在の政界とはかなりその景色を異にするが、「三角大福中」は怒りや喜びを思うまま口にし、年輪を重ねた古木のような味わいがあった。総理在任中の大平が病に倒れたように、政争は文字通り命をかけた闘いであった。

本書は、その生々しい息遣いをいまに伝える。

日本の政治がもっとも熱かったあの時代、男たちは紫煙と酒香にまみれながら権力への欲望をたぎらせた。

昭和が政争の時代だったとすれば、平成は経済敗戦の時代であった。

令和はどうか。

個性際立つ政治家が、再びしのぎを削る時代は来るのか。

編集部

はじめに

政治家田中角栄は、一代の政治天才であった。その進むところ、時代と社会の中に毀誉褒貶《きよほうへん》と功罪をばらまきながら、その政治街道を驀進《ばくしん》してきたのである。

田中が政権とりを秘かにめざし始めたのは、昭和四十五年十月末に、佐藤栄作首相が自民党総裁に四選された前後からだった。最大のライバルは、福田赳夫であった。

佐藤政権の末期、四十七年五月のことであったが、田中は類いまれな人心収攬術によって、佐藤派の中に田中支持勢力を公然と旗揚げさせた。そして、数の力にものいわせて、その年の七月に一気に福田支持勢力を蹴散らして政権の座に就いた。

その時、五十四歳。世間は今太閤とかコンピューター付きブルドーザーとか評して、田中政権の誕生を歓迎した。

以来、大実力者田中角栄の力と支配は、ことし（六十年）二月末に病に倒れるまで続いてきた。

佐藤政権末期の幹事長時代（四十六年）ごろから数えれば、十四年間ほど。日数で数えればざっと五〇〇〇日である。この間、田中が自ら政権の座に就いていたのは、昭和四十七年七月七日から四十九年十二月九日まで、一次、二次田中内閣の通算八八六日にすぎない。

しかし田中は金脈問題、ロッキード事件に見舞われながらも、そのあとの三木、福田両内閣では、引き続き自民党の〝周辺居住者〟として、一方の実力者であり続けた。

五十三年十二月に、大平内閣が成立した時には、田中は、政権の玄関に入り込むくらいのところまで、再び支配力を伸ばしてきた。そして、五十五年七月に鈴木善幸内閣が誕生した時は、これは実質的に田中の第三次内閣ではないかとさえ目されたのである。

さらに、五十七年十一月、中曽根内閣がスタートすると、世間は〝田中曽根内閣〟と呼んだ。いうなら、第四次田中内閣の誕生とさえ受けとられたのである。〝闇将軍〟である田中は、人事の決定権を握り、堂々と政権の奥の院にまで入り込んできたのだった。

田中の政治信念は、とにかく「数は力なり」ということである。議会政治はつまるところ数だということであった。数優先の政治。そこには、とかく質の側面が二義的なものとして横に置き去りにされがちであった。田中流政治哲学が、政界にとどまらず、広く社会一般に投じたところのものはきわめて大きかった。

しかし、高度成長期を経た時代潮流の中で不思議だったのは、田中の政治手法にはだれもが抗し得なかったということである。福田や三木武夫ら反主流リーダーが、結束して戦っても結局は、田中の力の前には敗れたということである。かつての大相撲の覇者、双葉山のように、田中は自民党内の政治パワーゲームを戦ってつねに不敗であった。田中の数と力の時代は、結果するところそれを認め、その前に敗れた実力者たちの時代でもあった。

政治家田中の歩んできた道は、やはり戦後日本が置かれた時代背景と無関係ではない。田中といえども時代の子であり、田中の政治は時代の潮流がもたらしたものでもあった。

昭和二十年八月、敗戦によって戦前の政治、社会秩序はがらがらと崩壊した。家柄よりも学歴よりも昔の資産よりも、いま手中にしている、現実の力が問題であった。田中はその条件をみた した。敗戦の焼け跡の中から、政治家田中は生まれるべくして生まれたのだ。

しかも、田中の故郷新潟は、深い雪国である。その土地と自然条件は、田中をいっそうかり立てるものがあった。学歴もなく、しかも雪深い地域からすい星のように躍り出た人物の出世物語は、世間一般に広く受け入れられる要素があった。戦後という大きな社会の歩みの中で、同時代人たちもまた田中の歩みと力を共有したのである。

過去十四年、政界で田中が陰に陽に主役であり続け、福田、三木らのリーダーたちがともすると脇役でしかあり得なかったのも、一つの時代のもたらしたものであった。

もちろん、その間、田中個人の努力がある。その手段方法がどうであったかは別として、田中は目的達成のためには、天才的ともいうべき智恵と能力をしぼり、人心収攬への巧みなノウハウを駆使した。そして、体力も使いに使ったであろう。権力を奪取するだけではなく、それを維持することには、なおいっそうの神経を使ったであろう。神経を休めるためには、ついアルコールにも手をのばしたであろう。そのことが、知らず知らずの間に、田中の健康をむしばんでいった。

つまり、田中は表ではパワー・ゲームに勝ち続けてきた。しかし、勝つために体力と神経をすり減らすことによって、最後には自分で自分に敗れてしまった。田中の発病入院は、決して単なる病気ではなく、田中が権力ゲームを闘いに闘って、その結果としてもたらされてきたものと見るほかない。

十四年近く、のべで五〇〇〇日の田中時代は、確かに一つの時代であった。

しかし、権力の支配には必ず終わりがあるのが、人間の世のルールだ。「この世をばわが世とぞ思ふ……」とうたった藤原道長の栄華の時代も、あとで考えてみれば十年余でしかなかった。秀吉が、太政大臣となり豊臣姓を賜わったのは、一五八六（天正十四）年であるが、豊臣秀吉の時代は一五九八（慶長三）年、六十二歳で死去するまで十二年間であった。

ナポレオンは一八〇四年に皇帝の戴冠を受けたあと、一八一五年、ワーテルローの戦いに敗れるまでをとると、その時代はやはり十年余であった。

田中角栄の場合、権力者として闇将軍として、その支配体制を一種、完成させたかに見えたのは、鈴木内閣の時代とそのあとの中曽根内閣の発足であった。力は持つが、責任は持たずとの戦前の元勲政治を思わせるような支配体制であった。五十七年十一月、中曽根内閣が発足してから二年数ヵ月後には失意の病床に倒れた。

その間の田中を中心とした政治の流れを、以下にたどってみたいと思う。

なお、勝手ながら、文中の敬称は省略させていただいた。

昭和六十年九月一日

中村　慶一郎

昭和政争1

闇将軍・角栄最後の１０００日／目次

第III章　荒れ狂う目白邸の夜

本文中写真　共同通信社
朝日新聞社
産経新聞社

昭和政争1

闇将軍・角栄最後の１０００日

ブックデザイン　鈴木成一デザイン室
カバー写真　山本皓一

第Ⅰ章　〝田中派にあらずんば議員にあらず〟

「自民党組織の八割はオレが握っている」

「幹事長は二階堂の留任だ。官房長官は後藤田を起用するというのなら私も大賛成だ。後藤田でいこうじゃないか」

「ええ。まあ、いろいろ批判は出るでしょうがね」

「しかし、考えてみると、後藤田でなくては、行革はやれないもんなあ。それと、法務大臣には秦野（章）君をぜひ起用してもらいたい」

「秦野君は私もよく知っています。けっこうでしょう」

「ただしね、秦野の分は別枠として、田中派の閣僚ポストは衆参で六つだ。これはどうしても頼みたい」

「…………」

田中角栄は、電話に向かって、先刻からいつものように早口にしゃべりまくっていた。電話の相手は、やがて何日か後には明治以来第七十一代、四十五人目の日本国総理大臣になるはずの中曽根康弘だった。

「最後に念のためいっとくがね、この人事構想は事前に絶対にどこにも漏らしてはいかん。漏れたらおしまいだ」

「それはそうです。私の方はだれにもいいませんよ」

田中は、それだけの約束を中曽根からとりつけると長かった電話を切った。

昭和五十七年十一月の下旬、東京・目白の私邸の事務室で、田中は、まったくご機嫌そのものだった。折から終盤を迎えている自民党総裁選挙の予備選挙では、中曽根が圧勝することはもはや疑いもなかった。

そうなれば、田中は中曽根内閣誕生の最大の功労者である。文字通り〝闇将軍〟として、表の権力者に、思いのままに主要人事を指示することもできる。

「オイ、今度はあっと驚く人事があるぞ」

ちょうど田中邸を訪ねてきた田中派の議員の顔を見ると田中はそういって、さも愉快そうに声を出して笑った。

ソ連では、その月の十日に共産党書記長ブレジネフが死去、十八年続いた政権が終わり、新たにアンドロポフ政権が発足していた。日本では、近々に中曽根政権の発足をひかえて、田中は自信満々であった。

そのころ、東京は小春日和が続いていた。本格的な寒さがやってくるには、まだしばらくの時間があった。東京の上野動物園では、中国から贈られたパンダのフェイフェイが公開され、連日のにぎわいをみせていた。一般の市民には、政治の世界の争いは、直接にあまり関係がないようすだった。

数日して十一月二十四日、予備選挙はいよいよ開票日を迎えた。午前九時から東京・晴海の国際貿易センターで開票作業が進められると、早い段階で中曽根康弘の圧倒的勝利が決まった。

五五九、六七三　中曽根　康　弘
二六五、〇七八　河　本　敏　夫
八〇、四四三　安　倍　晋太郎
六六、〇四一　中　川　一　郎
（無効二、九一五）

開票の最終結果は、中曽根が有効投票の実に五七・六二％を占める断然の強さだった。予備選挙が十月二十三日から始まった当初は、一般には河本が強いとみられていたのだが、田中角栄だけは、早くから別の見方をしていた。

「中曽根票は五十万票をこすだろう」

全国の情勢を分析した結果、田中はそう予言していた。そして実際にその通りになったのである。反主流勢力の河本、安倍、中川の三候補は、中曽根に敗れたというより、田中と田中派の行動力や集票能力に敗れたというべきだった。

「自民党の組織の八割は、オレとつながっているんだ。オレの悪口をいって、どうして党員の支持が得られるというのか。今度の予備選の中曽根圧勝はそのことを証明しているじゃないか」

予備選終了直後、東京・平河町イトーピアビル二階の田中事務所に集まってきた小沢辰男ら側近に、田中は得意そうに語った。

田中の関心は、いまはもうすっかり新政権の人事の方に向けられている。予備選のさなかにも進めてきた、先日来の〝密約〟をさらにここで固める必要があった。田中は、秘書に命じて中曽根のもとへ電話を入れさせた。

「ヤア、きょうはほんとうにおめでとう。五十五万票とはたいしたもんだ」

「ほんとうに、なにかとお世話になりました。五五九、六七三票は、〝ゴーゴー、苦労なさい〟と受けとめているんですよ」

「語呂合わせとは、余裕もあるじゃないか。しかしねえ、五十五万票のうちの三十万票は、どう少なくみてもわれわれの力によるもんだな。そのへんは、よくよく考えておいてもらわんとね」

「ええ、ええ。それはもちろんよく承知していますよ」

中曽根の勝利は、提携関係を組んだ中曽根、田中、鈴木三派の協力によるものであった。しかし、田中はいまドスのきいたダミ声で、だれにも勝る勝利への貢献度を強調した。

長年、政界の抗争を闘い抜いてきた田中にとって、見返りとして得ることのない協力関係などはあり得ない。

「この前から話してきたことだが、幹事長は二階堂。官房長官は後藤田で……」

（二階堂の幹事長はともかくとして、後藤田の官房長官は、すでに約束したこととはいえ、派内がなんというかなあ）

中曽根の胸中にも強い不安が横切るものがあった。

ふつう、歴代の首相は、官房長官には、自分の派閥から最も信頼する腹心を選ぶのが慣例である。
◇田中内閣＝二階堂進、竹下登　◇三木内閣＝井出一太郎　◇福田内閣＝園田直、安倍晋太郎　◇大平内閣＝田中六助、伊東正義　◇鈴木内閣＝宮沢喜一――といったふうだ。
他派閥から官房長官を起用したのは、昭和四十一年末の佐藤改造内閣の時の福永健司（宏池会、当時は前尾派）があるのみだ。

佐藤栄作はその前にも、宏池会（前尾派）の宮沢喜一を官房長官に引っこ抜こうとしたことがあったが、この時には佐藤派内や前尾派にも反対があって、〝幻の宮沢起用〟に終わっている。

それくらい、他派からの官房長官起用は異例だし、

第七十一代総理大臣・中曽根康弘

困難なことなのだ。

「中曽根内閣の最重要課題は、鈴木前内閣以来の〝行革〟だ。それを内閣のカナメとして取り仕切れるのは後藤田しかおらんよ」

田中はそういって、中曽根に対し、田中派の後藤田正晴起用を強く推していた。

しかし、後藤田は警察庁長官から政界に転じて、まだ衆院当選三回である。いくら力量があるからといっても、中曽根派の人間をさしおいて、後藤田を用いるには、さしもの中曽根にもためらいがあった。

(わが派には宇野宗佑や藤波孝生や、あるいは倉成正らの官房長官候補もいる。彼らがなんと思うかなあ。しかし、いまは田中との約束に沿っていかねばならぬ。すべては乗り越えていかねば……)

中曽根は、自らのためらいを振り切るように、十一月二十五日の夜七時すぎ、行政管理庁長官室へ向かった。長官室の扉を固くとざすと、ひとり室内にとじこもった。

中曽根政権誕生の前夜

その日は、朝から寒気が見舞い、東京で七・四度。早くも初冬の訪れを感じさせた。午後一時から自民党臨時党大会が日比谷公会堂で開かれ、中曽根は第十一代の自民党総裁に選出された。前日の予備選結果を受け、河本、安倍、中川が本選挙への出馬を辞退したので、満場一致による選出だった。

そして一夜明ければ、翌二十六日には衆参両院で首相指名選挙があり、中曽根は晴れて内閣総理大臣になる。

しかし、それまでのなお一日は、中曽根は鈴木内閣の行管庁長官なのである。

「電話は、いっさいとりつがないでくれ。客にはもちろん会わないから……」

中曽根が秘書たちにこういって、行管庁長官室に入ったのは、翌日の中曽根内閣組閣の人事構想を練るためであった。東京・平河町の砂防会館四階にある中曽根の個人事務所には人の往来が激しく、とても落ち着いた気分になれぬので、静かな長官室の方へ移ってきたのだった。

——新内閣の人事については、新しい観点に立ち、派閥を超越して人材を抜擢し、働いてもらう。

——木曜クラブ（田中派）は百人をこえ、政策的にも党運営にも、練達した人材がそろい、活躍している。実力があり、人材がそろっているところが活躍するのはあたりまえだ。それを抑えるのは間違いだ。

自民党総裁に選出されたあと、その日の午後、中曽根は総裁として初の記者会見の時に、聞かれるままに人事構想や田中派に対する考え方を説明しておいた。

自分としては心底そう思っていたのだが、いま行管庁長官室にこもって、具体的構想をねってみると、必ずしもそうはいかないことがよくわかってきた。田中派に人材がそろっているのは間違いないにしても、とにかく田中からの要求は、これをみたすのに大きくて重すぎるのだった。

「法務大臣秦野章、外務大臣安倍晋太郎、大蔵大臣竹下登、文部大臣瀬戸山三男……」

というように、それでも中曽根は閣僚名簿に名前を丁寧に書き入れていった。国会便覧を片手に、閣僚候補たちの選挙区や略歴を調べ、何度も名簿を書いたり消したりした。

内閣の骨格は、官房長官の後藤田は別とすれば、ニューリーダーの安倍を外務に、さらに田中派の竹下を蔵相に配したことだった。

中曽根は、竹下の蔵相起用については、田中が必ずしも乗り気でないことをよく承知していた。しかし、安倍を外相に起用する以上、その釣りあいからいって、いずれ一方の有力総裁候補でもある田中派の竹下を、蔵相として処遇する必要があるのだった。

（竹下に対して、田中の心中は複雑なのだなあ。しぶしぶという態度で、蔵相竹下に同意したんだからなあ）

中曽根はそう思いながら、閣僚名簿を見やっていた。

長官室の照明はすべて消し、机の上のスタンドをともしただけのひとりきりの作業だった。

「ヤレヤレ、やっとこれでできた。さあ帰ろうか」

中曽根は老眼鏡を外して胸のポケットに入れると、隣室の秘書たちに声をかけた。さっき長官室に入ったのは夜七時すぎであったが、いまはもう十一時近くになっている。

霞が関の中央官庁街は暗い夜の静寂の中に沈んでいる。憲政記念館の木立ちが黒々と見えるだけだった。

翌十一月二十六日、新内閣の閣僚名簿は、すでに中曽根のポケットの中に入っていた。しかし、そのあらましは、わずかに目白の田中と、新官房長官に内定していた後藤田周辺が承知していたくらいであったろうか。

お膝元の肝心の中曽根派などはなにも知らされていないのである。

桜内義雄、宇野宗佑、倉成正ら中曽根派幹部は、朝から中曽根に電話を入れたりして取材を試みたが、中曽根はなにも漏らさない。

「〇・〇〇一ＰＰＭも漏らせないよ。人事は私の最初の仕事だからね。これが失敗したら大変だ。鈴木善幸さんからもそういわれている」

中曽根は、田中のことについてはなにもいわず、前任者の鈴木善幸を引き合いに出し、そう断わるのだった。

〝後藤田官房長官〞説をキャッチした新聞社の中には、夕刊遅版からこれを特ダネとして報ずるものもあったが、中曽根派議員はその紙面を見せられると、

「そういう説もあるかもしれんがねえ。まさかそんなことはあり得ないさ」

と、心細げにいうのだった。

衆参両院での首相指名選挙が終わって、中曽根がいよいよ念願の首相官邸執務室に入ったのは、二十六日午後三時すぎだった。

執務室の隣りの秘書官室には、首席秘書官（政務）の上和田義彦をはじめ、小粥正巳（大蔵省三十一年入省、近畿財務局長から）、岩崎八男（通産省三十二年入省、資源エネルギー庁石油部長から）、長谷川和年（外務省三十二年入省、アジア局参事官から）、依田智治（警察庁三十三年入庁、奈良県警本部長から）らの事務秘書官が待ちかまえていた。

このうち、岩崎は中曽根がかつて田中内閣の通産相（四十七年七月から四十九年十二月まで）をしていたころの通産大臣秘書官で、気心が知れているというので、再び首相秘書官として起用を求めたのだった。

岩崎は三十二年入省のベテランである。それならということで、大蔵省はなお一年先輩の小粥をわざわざ近畿財務局長から呼び戻して秘書官に送り込んでいた（岩崎と小粥はその後、六十年六月に交代した）。

「さて、これから組閣本部を置く。二階堂幹事長をはじめ党三役に至急こちらへくるよう連絡をしてもらいたい」

中曽根は、夕刻、執務室から上和田らに指示第一号を発していた。

凱旋歌か、鎮魂歌か

党三役の方は、すでに幹事長二階堂進（田中派）の再任に続いて、政調会長田中六助（鈴木派）の再任も決定。さらに、総務会長には、新たに細田吉蔵（福田派）が決まっていた。党三役は、角福鈴の三派のまったくの均衡人事である。

二階堂たちが執務室に顔をそろえるのを待っていたかのように、中曽根は、例の閣僚名簿を取り出すと、

「新閣僚はこれでお願いしたい」

と口火を切った。

二階堂も、細田も田中（六）もいまここで初めて閣僚名簿を見せられたのである。くい入るような目つきで、二十のポストの名前を追っている。だれともなく、フーッというようなため息がもれた。

「ほんとうにこれでいいのかね。大丈夫なのかね。もう一度、考え直した方がいいんじゃないのか……」

率直な質問をぶっつけたのは、二階堂だった。

竹下大蔵、林義郎厚生、内海英男建設、山本幸雄自治、後藤田官房、梶木又三環境庁（参院）と、実に田中派から六閣僚が入っている。

しかも、法務には秦野章（参院）。これも親角勢力であることは人に知られている。とすれば、田中派勢力からは七人の閣僚。田中派所属の二階堂自身が「これではあまりに……」と内外の批判を恐れるほどの陣容だったのである。

「いえいえ、この通りのままでいきたいと思います。どうかご了承を……」

中曽根がこわばる表情でいうのを、さえぎるように発言したのは、政調会長の田中六助だった。その口調は、ブスッとして皮肉がこめられていた。

「いくらなんでもひどいじゃないですか。総裁派閥でもない田中派が幹事長ばかりか官房長官まで占めるのは……。どう考えたって筋が通らない。あすの新聞にはどんな見出しがおどることか」

「六さんがそういってくれるのはありがたいことだが、後藤田官房長官はこっちから頼んだことなので……」

「それに今度の予備選挙は、田中派だけではない。鈴木派も協力して勝ったんですよ。となれば、同等の扱いをしなくてはね」

「そのこともよくわかる。すべての批判は覚悟の上です。どうか、これで了承してもらいたい」

中曽根は頭を下げ、とにかく原案で押し切るハラだった。田中（六）が、鈴木派からの入閣が、金子岩三農水、斎藤邦吉行管庁、塩崎潤経企庁、安田隆明科技庁長官（参院）の四ポストでしかないこと、しかもさして重くもないポストばかりであることにボソボソと不満を述べ立てたのに対しても意に介さないふうだった。

中曽根は、今回の予備選勝利と、自らの内閣の誕生は、だれがなんといおうと、田中角栄と田中派の力によることを知っていたからである。人事でそのお返しをするのは、ある意味で当然のことだった。

「中曽根がきのうの記者会見でいっていたことと、この新人事の顔ぶれをくらべれば、まるで違うじゃないか。文字通りの田中派偏重内閣じゃないか」

首相執務室内だけではない。人事構想を漏れ伝え聞いて、福田、河本、中川三派の反主流派陣営にはもっとあからさまな批判と憤懣がうず巻いていた。

夜に入って、外気の冷えはそれほどでもなかった。福田派の事務所は、東京・紀尾井町の赤坂プリンスホテル旧館隣りに建つプレハブ建築の二階にある。そこには、午後七時ごろから反主流議員や記者たちの往来が激しくなった。

福田のいる自室へ、さきごろの予備選挙をいっしょに戦った、河本敏夫や中川一郎もかけつけてきた。安倍晋太郎と藤尾正行もいっしょだった。

「われわれが予備選挙を通じて国民に訴えたのは、一つには〝田中支配の排除〞ということだった。その政治改革の原点に立てば、この顔ぶれの内閣にはとても協力するわけにはいかない」

いつもは寡黙な河本が決然とした口調で熱弁をふるった。中曽根のリストでは、福田派のプリンス安倍は鈴木内閣の通産相から、今度は外相への就任が予定されていた。

「しかし、こんな内閣では政治改革の実は上がらない。安倍君は入閣すべきでない」

と河本はそうも主張した。

しかし、中曽根の組閣名簿は巧妙でもあった。福田派からは安倍外務、瀬戸山三男文部の他に、新入閣として、加藤六月を国土庁長官に起用しようというのであった。加藤は、ロッキード事件関連で〝灰色高官〞とのレッテルを背負っている。そのために、すでに当選六回を数えながら、前の鈴木内閣でも入閣を見送られてきたのだった。

それを、中曽根は安倍外務の入閣とセットのようなかたちで、今回は実現しようというのだ。

「加藤君は私の弟分です」――安倍はつねづねそう語るほどに加藤のことを強く信頼し、片腕として頼んでいる。その加藤がいよいよ入閣のチャンスを迎えたという時に、すべてを蹴って、オール・オア・ナッシングの挙に出るには、しのびないものがあった。

だから、安倍とやがては福田も、そうとなってはさらに中川も、中曽根の組閣原案をのむ方向へ傾いていった。

実は、そのことをいち早く予知していたのは、田中角栄であった。

田中は、赤坂プリンスホテルとはものの百メートルも離れていないイトーピアビルの田中事務所で、十一月二十六日午後、心から満足そうなひとときを過ごしていた。

「中曽根は、あいつは偉いやつだ。よく人事の秘密を守り抜いた。口の堅さは大したもんだ」

田中は、側近に対してそう語っていた。田中が事前に「あっと驚く人事があるぞ」といっていたことは、〝後藤田官房長官〟と〝秦野法務大臣〟によっていま実現されようとしていた。

秘密を守り抜いたからこそ、余計なチャチャが入らず、ここまでこぎつけられたのだ。

秋の日がすっかり落ちて、中曽根人事構想への疑問と憤懣が党内にうずまいているころ、田中は、

「反主流派がなんといおうとね、もうこれで決まりだな。ガタガタいったって、結局はこのままで落ちつくさ」

と、田中派議員に語ると、すべてが落着する前に、ひとり車に乗り込み、どこへともなく立ち去っていった。

田中は、いま〝してやったり〟と得意の心境であった。

（なにしろ、田中派からは実質七閣僚だからな。こんなことは大平内閣でも、前の鈴木内閣でもかつてないことだった。竹下も蔵相に入れたし、竹下や竹下のことを考えている金丸信らにしても、まあ文句のないところだろう）

田中にしてみれば、中曽根が約束を守り抜いてくれたことに、いまは口元が自然にほころぶよ

うな思いをしていたのだ。

とくに、官房長官の後藤田と、法務大臣の秦野とである。田中には、近々に迫っているロッキード公判一審求刑と判決への思いがあった。後藤田といい秦野といい、警察の出身で、法律や裁判には精通している。その関係の内閣の要に二人をすえることによって、田中はロッキード公判へのなんらかの好影響を期待していたのである。

さらにいえば、後藤田は、田中が内閣を組閣した四十七年夏に、警察庁長官から田中内閣の官房副長官（事務）にすえた腹心中の腹心だった。官房副長官をやった後藤田ならば、内閣官房のことはすべて承知している。内閣にある膨大な機密費に対して、後藤田ならば十分に目を光らせることもできるだろう。中曽根やその周辺の気ままに委ねるわけにはいかないのだ。

後藤田官房長官起用の布石には、そうした計算もあった。

「中曽根内閣の発足は、いうなら田中角栄の凱旋歌ですよ。しかし、われわれには鎮魂歌にも聞こえるんだ」

田中派の若手議員もまた、田中の権力追求の激しさ、さらにはロッキード公判への執念の強さをあらためて強く感じとった。

そして田中は、〝闇将軍〟として、「すべてこの世は……」との絶頂に立つ思いでいた。

〝一将功成りて万骨枯る〟

〝鎮魂歌〟といえば、中曽根派議員たちにとっては、中曽根内閣は、まさしく実態のない幽霊のようなものだった。

中曽根がなにも口を割らなかったことから、幹部や若手たちも、

「なにかおかしいのでは……」

と薄々感づいてもいた。しかし、やっとの思いで実現させた中曽根内閣が、これほどの無惨なかたちになるとは予想もしていなかったのである。

フタを開けてみたら、中曽根派には三役はゼロ。入閣も通産大臣の山中貞則と郵政大臣の檜垣徳太郎（参院）の二人だけ。肝心の官房長官を田中派に奪われていたのである。

中曽根派議員たちが思い出すのは、つい二日前、中曽根が、予備選に圧勝した日の夕刻のことだった。

砂防会館二階の中曽根派事務所をうめつくした議員たちを前に、中曽根はしみじみと心からのお礼の弁を述べたのだった。

「長い道のりだった。お互い苦労しながらここまでやってこれたのは、本当に皆さんの団結と愛情のおかげだった。私は皆さんのことを家族同様だと思っている。今後とも皆さんと共に……」

中曽根はここまでいうと、嗚咽し絶句してしまった。中曽根がハンカチをとり出し、眼がしらをぬぐうさまをみると「ううっ」と、議員たちの中からもむせび泣きがもれた。

しかし、あの時、〝家族同様〟といった中曽根の言葉と、いま田中に乗っとられたような中曽根内閣の発足とには、なんという落差があることだろうか——。派内の議員たちは、そんな思いをかみしめていたのである。

十一月二十六日午後九時半を過ぎて、人事をめぐるゴタゴタはようやく収拾された。新官房長官後藤田が、記者会見室に現われると、閣僚名簿を発表し始めた。

「法務大臣秦野章、外務大臣安倍晋太郎……」

そのさまをテレビが中継するのを中曽根派議員は砂防会館の事務所で見ていた。

「こりゃ、ひどいじゃないか」

中堅議員の渡辺秀央がそうつぶやいた。あきれたといった表情で、さっさと室内を出て帰宅するものもあった。

山中と檜垣の入閣を除けば、あとは宇野宗佑の幹事長代理と藤波孝生の官房副長官、小此木彦三郎の国対委員長だけである。

閣僚名簿が発表されたあと中曽根事務所にいた藤波には、首相官邸から呼び出しがかかってきた。中曽根は、藤波を執務室に招き入れると、静かな口調で要請した。

「君はもうすでに大平内閣で労働大臣をやっていて、官房副長官では役不足だということはよくわかる。しかし、後藤田さんにはこちらから無理をいって官房長官になってもらったんだ。そこですまんが、君が副長官をやってくれんか」

「やれというならやりますよ。しかし、派の方が殺伐とした空気になっています。まずはそっちの方へ、説明のための電話を入れて下さいよ」

藤波は、官房副長官の仕事に決して不満ではなかったが、自分のことよりは派内の空気の方を心配していたのだ。

新内閣の顔ぶれだけを決め、皇居での認証式は翌二十七日に持ちこすことにして、新首相中曽根が東京・上北沢の自宅に帰り着いたのは、もう夜半に近いころだった。

中曽根の自宅は、元巨人軍監督の長島茂雄から借りたものだ。ここへの転居前は長く、田中邸にも近い東京・目白に住んでいたのだが、総理・総裁を期すには、家の方位が悪いなどということで、長島邸に移り住んだのである。

この新住居は、大きなガラス窓越しに、手ごろな広さの芝生の庭が眺められ、いかにも明るい感じの作りだった。

転居して最初の正月の五十七年元旦、中曽根は多くの年始客を自宅に招き入れたが、その中には家主の長島元巨人軍監督もおれば、当時は仲睦まじかった森進一、大原麗子の姿もあった。

この時に、中曽根はいかにも気持ちよさそうに、自ら作詞したという、シャンソン風の歌をうたって、客たちの拍手を集めたものである。

その自宅の広い居間に中曽根はいま帰り着いて、自らグラスにウイスキーを注ぎ、ストレートのままでチビリチビリとやっていた。

もう夜中だというのに、新首相になったばかりの中曽根を、桜内義雄、倉成正、上村千一郎らの中曽根派幹部が取り囲んでいた。

「当面は忙しいから、ゴルフはしばらくできないなあ。たまにホテルのプールにでも泳ぎにいくか」

中曽根は快活にそういって一同の顔を見渡した。しかし、そこには、中曽根派代表世話人で幹事長代理の役職に就くことになった宇野宗佑の姿はなかった……。

（なんでこんなことに……。官房長官まで他派に渡すとは……）

宇野の胸の中には、このような思いがたぎっていたのであろう。だから、深夜の中曽根邸へ足を運ぶ気になれないのかもしれなかった。

宇野だけではなかった。若手や中堅議員にしても気持ちは同じことだった。

「あの人は、自分さえよければ、ということなんですね。自分のために、派を売ったということですよ。〝一将功成りて万骨枯る〟とはまさにこのことですなあ。まあ、いうなら、毒が頭に回ったんじゃないの……」

議員宿舎を訪ねてきた新聞記者に対して、こういって激しい中曽根批判を展開する議員もいたほどである。それほどに、新内閣の顔ぶれが中曽根派内部に投じたショックは大きかった。

目白の田中にとっては、しかし、そんな他派閥の事情まで、かまってはいられなかったであろうが……。まさしく《田中派にあらずんば議員にあらず》だったのである。

総・総分離構想の顚末

田中にしてみれば、何といっても自分の膝元の方がだいじだったのである。

田中は、政界における支配力を保ち、さらにはロッキード事件公判に備えるには、まず肝心の田中派をがっちり握っておく必要があった。

今度の自民党総裁選挙にしても、田中は早くから、〝中曽根擁立〟でハラを固めていたものの、田中派内部には必ずしもそれに同調する声ばかりではなかった。

とくに、危い橋を渡る思いがしたのは、もう一ヵ月半ほど前、十月十五日の夜のことだ。東京・赤坂の料亭街のどまん中にある高級料亭「満ん賀ん」には、田中派の中堅、若手議員たちがその夕刻から続々と集まってきていた。「満ん賀ん」は、蔵相竹下を初め、田中派若手議員たちのおなじみの料亭である。

「なんでオレたちが中曽根をかつがなければならないのか」

「きのうは大平、きょうは鈴木、そしてあすは中曽根というのでは、われわれは職安の前に並ぶ雇われ人夫のようなもんじゃないか」

中堅、若手議員が口々にいうのは、いつもいつも〝みこしのかつぎ役〟ではたまらんという不満だった。

「独自候補を出そう。竹下（登）さんが一番いい。しかし、江崎（真澄）さん（田中派副会長）だってかまわんぞ」

若手たちは夕食の時の酒にいささか顔を火照らせている。その勢いでいち早く立候補推薦の署名を集めたりした。予備選の告示日程では、翌十月十六日が、立候補の受け付け日にあたっていた。衆参両院議員五十人の推薦さえあれば、だれでも立候補はできるのである。

「われわれのこの決意を目白のオヤジに伝えてもらおうじゃないか」

そういう若手たちからの連絡を受けて、「満ん賀ん」にかけつけてきたのは、田中派幹部の金丸信と後藤田正晴だった。

「そうか、君たちはそこまで思い詰めているのか。オレたちにもオヤジを説得できるかどうかわからぬが、とにかくこれから目白に行ってこよう」

と金丸はいった。それで午後九時すぎ、金丸は後藤田と共に目白台に向かったのである。金丸はもともとは中曽根ぎらいだ。二年前に、首相大平死去のあと、田中が後継に中曽根を考えた時にも、これに反対したいきさつがある。

「若いもんが、今度はウチ（田中派）から独自候補を立てたいといっています。なんとかその気持ちをくんでやってほしい」

「そうはいかん。今回は中曽根でいく！」

金丸が口火を切った要請に対して、田中は一言のもとにこれをはねつけた。田中は、なかば怒りに顔色が紅潮していた。金丸もまけてはいない。

「しかし、なんであんな〝オンボロみこし〟をかつぐんです」

「君はそういうが、中曽根は、四十七年にオレの政権ができた時には、協力してくれたんだ。オレにはそういう義理があるんだ」

田中が力をこめてそういうと、後藤田もそばから金丸をなだめるように口をはさんだ。

「オンボロみこしというのなら、それを修理しながら使えばいい。だめなら捨てるさ」

後藤田は、旧内務官僚同士ということもあり、中曽根にはそれなりの好意を持っている。

「そこまでいうのならなあ……」

金丸もとうとう引きさがらざるを得なかった。

「オヤジが右といえば右、左といえば左。それが派閥だ。いやならそこから飛び出してゆくしかないからなあ」

金丸は「満ん賀ん」に戻ってくると、肩を落とし、なかば自嘲気味に若手たちに報告した。だれがなんといおうと、今度は田中の決意を変えることはできなかったのだ。金丸らのあとで目白にかけつけた、田中直系の小沢一郎や小沢辰男も、

「そんな話はダメだっ！　帰れ、帰れ！」

と目白の怒声を浴びるだけだった。

ところが、そんな一幕があったあとにも田中はなお心胆を寒くする思いをさせられたのだ。予備選は予定通り十月十六日に告示され、中曽根、河本、安倍、中川と四人が名乗りを上げたものの、実際には運動は一週間凍結され、その間引き続き話し合い調整を続けることになっていた。

その凍結期間がきょうには切れるという、十月二十三日未明のことである。田中にとっては思いもしない、総・総分離構想が自民党本部の総裁室の中で持ち上がっていたのである。

前日の二十二日夕方から延々と続いた、密室の中の小田原評定の結果、最後になって、「中曽根総理・福田赳夫総裁」案が浮上してきたのである。しかし、多年の怨敵である福田総裁案など田中がのめるわけがない。

しかもこともあろうに、田中派幹部の江崎真澄や田村元がこれを推進し、幹事長二階堂進までが同調しているとは……。最終段階までこの動きを知らなかった田中は、怒り狂った。

事務所で寝ないで待っていた田中は、二十三日未明、中曽根に電話を入れると、「総・総分離案など絶対受けちゃいかん。一気に蹴っとばせ。さあ、それであとは予備選だ！」と声を荒らげ、激励したのだった。

この時、中曽根周辺には一時は総・総分離でもあるいはけっこうとの空気があった。しかし、田中からの強烈な一喝があって、中曽根も姿勢をシャンと取り戻し、総・総分離による収拾を拒否したのである。

田中にとっては、実はそれほどまでにして貫いた〝中曽根擁立〞であった。それだけに、予備選では反主流の河本、安倍らに絶対に負けるわけにはいかなかった。

そして、ついに予備選で勝利を得たあとは、田中派内の不満を解消するためにも、中曽根内閣への大量入閣を実現する必要があったのだった。

連続当選三羽ガラス

いま、過去に想いをはせると、盟友といわれた大平正芳にしても、あるいは前内閣の鈴木善幸にしても、田中にとってはいま一つ思うに任せないところがあった。

とくに、大平正芳だ。

五十三年十一月、福田赳夫の総裁再選阻止に立った大平正芳は、田中派の強力な支援を得て、十一月二十七日の予備選では福田を敗北に追い込んでいた。

それで、大平は明治から数えて第六十八代、四十三人目の首相に選出されたのである。

しかし、大平は決して田中のいうままにはならなかった。

大平が決めた自民党の新三役は、幹事長斎藤邦吉（大平派）、総務会長倉石忠雄（福田派）、政調会長河本敏夫（三木派）という布陣。田中派は三役から外されている。

翌五十四年一月になって、大平は田中派から西村英一を自民党五人目の副総裁に起用して、やっと田中の顔を立てたのだった。

しかも、第一次大平内閣（五十三年十二月七日成立）の顔ぶれをみるとどうだ。田中派からは、橋本龍太郎厚生、江崎真澄通産、山下元利防衛、金井元彦行管（参院）の四人しか入っていない。この時、小坂徳三郎が経企庁長官で入閣しているが、小坂はまだ田中派に加入しておらず、無派閥であった。

大平に対して、田中の強い希望は、その後も、

「二階堂を党三役、または重要閣僚で処遇せよ」

ということであった。しかし、大平は終始、これにウンとはいわない。

業を煮やした田中は、ある時、東京・瀬田の大平のところへ電話をかけたことがあった。

「目白の田中先生からです」

と取り次ぎを受けると、大平は露骨にいやな素振りを示し、

「オレは電話なんかには出んぞ。切ってしまえ」

と命じたこともあった。

田中と大平とは〝盟友〟といわれながら、大平政権下では一面で〝政敵〟のような感じさえあ

ったのである。現実に大平政権の末期、田中と大平の連絡はしばらくは途絶えてしまったこともあった。

四十日抗争を経て、五十四年十一月に難産の第二次大平内閣が発足した時も、党三役は幹事長桜内義雄（中曽根派）、総務会長鈴木善幸（大平派）、政調会長安倍晋太郎（福田派）。田中派からの入閣は、竹下登大蔵、後藤田正晴自治、小渕恵三総理府総務長官、長田裕二科技庁長官（参院）と、引き続き四人である。

時は過ぎて、五十八年六月十二日――。この日は、大平が急逝してちょうど三年目の命日にあたっていた。田中は大平の私邸を訪ねると、ウイスキーの水割りを次々とほしながら、二時間余にもわたって、故人の思い出話を語り明かした。

そして、ふと、壁間の大平の遺影を見やると、

「神様のような顔をしているなあ。しかし、政治家はあんな顔になってはだめだ。オレのような顔をしていなくてはな……」

とまじめそのものの口調でいった。

これには居合わせた伊東正義や佐々木義武ら大平の盟友たちが一斉に笑いに崩れたが、田中のいうところには、大平への一種のあてこすりも含められていたのではなかったか。思うに任せなかった親友大平に対し、いまうらみつらみの一つもいいたい気持ちだったのである。

大平急逝のあとは、五十五年七月、鈴木善幸政権の登場である。この時も、田中には、〃中曽根擁立〃の意思があったのであるが、田中派内に金丸信らの反対もあったため、二階堂や鈴木派

の斎藤邦吉、田中六助らの画策によって、あれよあれよという間に、党内の流れは鈴木政権誕生の方向へ傾いていった。

「善幸でまとまるならそれでいい。中曽根君はもう一度、次を待つしかないな」

と、田中はあっさりと鈴木支持に同調していった。それで、鈴木政権の場合も、田中が有力な生みの親の一人であることに変わりはなかったから、世間は、鈴木のことを〝角影政権〟だと呼んだのである。

しかし鈴木政権の下でも、田中派からの入閣は、亀岡高夫農水、斉藤滋与史建設、大村襄治防衛、石破二朗自治（参院）の四人であった。他に無派閥ながら、田中寄りとみられる奥野誠亮が法相として入閣していたが……。

ただし、党三役では二階堂が晴れて党総務会長に就任した。〝灰色高官〟の烙印を押されて以後、四年ぶりの表舞台への復帰であった。幹事長桜内、政調会長安倍は第二次大平政権から引き続いての再任であった。

こうしてみてくると、大平もそして鈴木でさえも、田中の要求に対しては一定の制約を設けていたのである。副総裁や党三役を含めても、最大限五ポストというところであった。

しかし、今度の中曽根政権では——。

金丸がいうところの〝オンボロみこし〟をかついだ代償としては、田中は六つでも七つでも要求して、これを獲得せねばならぬのだった。

田中は派内の不満と危機を、ポスト獲得能力を十分に示すことによって乗り切ろうとしたのだ。そして、中曽根もまたこれに十分に応えたのである。

田中の回想は、中曽根との関係についても、ここでさらに過去にさかのぼってゆく――。

田中も中曽根も大正七年生まれの同年である。しかも、昭和二十二年、戦後二回目の総選挙の時が初当選である。それから今日まで連続当選して議席を保っているのは、前首相の鈴木善幸を加えてわずか三人しかいない。

初当選の時、田中も中曽根も、民主党の所属だったが、当選後ほどなく田中は吉田自由党に移る。中曽根の方は民主党から国民民主党、改進党と保守野党の道を歩んでいく。

一方、鈴木は一回目は日本社会党から当選、二回目からは民主自由党に移る。

三人が同一政党で席を共にするのは、昭和三十年の保守合同以後のことである。田中は佐藤派に、中曽根は河野一郎派に、鈴木は池田勇人派に属するようになっていた。

三人の中で一番早く入閣したのは、昭和三十二年七月、第一次岸改造内閣の田中郵政相であった。田中はこの時、三十九歳。当時として戦後最年少の入閣記録であった。

中曽根は一歩遅れて、昭和三十四年六月、第二次岸改造内閣の科学技術庁長官が最初である。中曽根は四十一歳だった。

鈴木はさらに遅れて、昭和三十五年七月、第一次池田内閣の郵政大臣がふり出しである。四十九歳の時のことだった。

しかし、そのころまで、三人の間には不思議とこれという接点はなかった。とくに、田中と中曽根はそうだった。

〝藪枯らし〟――故河野一郎は、若き日の中曽根のことを、こう評していたという。

〝藪枯らし〟とは、野原や道端にはえる、ぶどう科の多年生つる草のことだ。別名「びんぼうかずら」ともいう。

藪をおおって、ほかの植物を枯らしてしまうので、この名がある。

「恋人と日本の総理は自分で選びましょう」

と、首相公選論を全国遊説して訴えていた若いころの中曽根は、確かに光彩を放ち、回りのもののカゲを薄くしてしまうような印象があったのだろう。となれば、これも向こうっ気の強い田中とは肌が合うわけがなかった。

田中はむしろ、佐藤内閣以後、鈴木善幸との二人三脚の方を好んだのである。

田中は佐藤政権の後半、再び幹事長になると、二年半余の長期間、総務会長鈴木善幸とコンビを組んだ。鈴木は大筋において、田中の采配ぶりに決して異を唱えはしなかった。

佐藤政権時代には、中曽根は佐藤のもう一人の忠臣、保利茂の方にむしろ近かった。佐藤内閣の末期、保利幹事長のもとで中曽根は総務会長になったりしたからである。

「中曽根には義理がある」

さて、田中が総理・総裁の座をめざして、明確に目標を定め始めたのはいつごろのことだったろうか。

昭和四十年代前半は、佐藤政権の下で高度成長花盛りの時代であったが、毎年夏になると恒例のように、生産者米価の引き上げが政治問題となるのだった。

当時、幹事長をくり返し経験していた田中は、最後の政治折衝に臨むと、その政治力をいかんなく発揮して米価の大幅引き上げで決着をつけてしまうのが常だった。

ある年のこと、米価決定のための会議の席で、村上勇派（旧大野派のあとを引く）の議員だった田村元は、幹事長田中に向かうと、グサリといった。

「角さん、あんたは幹事長としては名幹事長だ。しかし、総理・総裁は無理だ。総理・総裁になろうなんて気は起こすなよ」

「わかった、わかった」

田中が苦笑いしながらそう答えるのを、そのころまだ当選三回議員だった渡辺美智雄や故中川一郎がじっと見つめていた。渡辺らは、時の幹事長に堂々と注文をつける田村元という人物も面白いと思ったが、一方でなかば照れながら「わかった、わかった」と答える田中の人間性も面白いと受けとっていたのである。その田村元は、現在はれっきとした田中派の所属である。

あの時、田中が「わかった、わかった」と答えたのは、すべてがすべてウソだったわけではあるまい。田中にしても、それほど大急ぎに急いで総理・総裁の座を期していたものとは思えない。

しかし、昭和四十五年十月、佐藤が総裁四選を果たす前後には、田中の目つきと意欲は明らかに変化をとげていた。

田中は、当時の副総裁川島正次郎と協力して佐藤四選を実現することにより、そのあとは自分が政権を担当するとの決意を固めていたのである。福田赳夫が蔵相や幹事長を歴任して、佐藤の後継者として力をつけてきたことに、田中は警戒心を深めたのだった。

角福の対決は、こうして佐藤政権時代、佐藤がデバイド・アンド・コントロールよろしく両者を巧みにかみ合わせ、使おうとしたことから生じてきた。

田中はそこで、どうせなら一気にと考えたのだった。そして、佐藤政権も末期を迎えた昭和四十七年五月の連休明けに、佐藤派内の田中支持衆参両院議員八十一人を、東京・柳橋の料亭「稲垣」の大広間に一気に集めて気勢を上げる。

これが事実上の田中派の結成であった。ことし（昭和六十年）二月の竹下登「創政会」にはせ参じた足立篤郎、亀岡高夫、渡部恒三、羽田孜、小沢一郎らはこの時「稲垣」に顔を並べた議員たちである。まだその時は当選一回だった若手の小沢一郎は、

「田中政権樹立のために乾杯！」

と乾杯の叫びも上げている。

あの時の、八十一人の内わけは、衆院が四十人、参院が四十一人であった。それから十三年後のいま（昭和六十年七月現在）、田中派は衆院六十八人（田中角栄、金丸信を含む）、参院五十六人（参院議長木村睦男を含む）の計百二十四人にふくれ上がった。この間に出入りはあっても約四十人をふやしてきたのだ。

それはさておき、四十七年五月、田中が政権獲得の決意をあらわに、事実上の田中派の名乗り

を上げたことから、ここに初めて中曽根との本格的な接点が生じてきた。

というのは——。福田に対抗して、田中がポスト佐藤の政権を得るには、大平正芳や三木武夫派の他に、どうしても中曽根派の支持もとりつけねばならないからだった。つまり、中曽根派がキャスティングボートを握るかたちになったのである。

中曽根はそのころ、新政同志会（中曽根派）を率いてすでに六年目に入っていたが、派内には野田武夫、中村梅吉らの長老もいて、いま一つ派内の主導権を完全に確立したとはいえない面があった。

とくに、野田武夫らは熱心な福田支持論者であった。ところが、四十七年七月の角福対決総裁選挙を間近に控えて、野田が急逝したなどの事情もあり、中曽根は最終的には田中支持に派内を一本化することができたのだった。

「田中か福田か迷っているようにいわれたが、オレは最初から田中だったんだ」

あとになっては中曽根はそういったが、実際には苦心に苦心を重ねて、派内を田中支持にまとめていったのだ。

「中曽根には義理がある」

と田中がいうのは、この時のことをさす。

だから、田中内閣が発足すると、田中は中曽根を通産相として処遇した。田中内閣八八六日の間、終始一貫変わらぬポストを維持したのは、たった一人中曽根通産相のみである。

「角さん、角さん」

と中曽根が親愛の情を込めて呼ぶようになったのはそのころからのことだった。

しかし、田中政権のあとに誕生した三木政権では、中曽根は幹事長に就任。この間、ロッキード事件発生との関連から、田中との関係は再び表向き疎遠になった。

次の福田、大平両政権下を通じて、田中と中曽根がよりを戻すにはなお時間の経過が必要だった。

なかでも、大平が五十四年十月、総選挙に打って出て敗れたあとの四十日抗争では、大平、田中の主流派に対し、中曽根は福田、三木と共に反主流に回ったのである。五十四年十一月六日、衆院本会議で大平、福田の二人が首相指名を争った際には、中曽根は中曽根派議員多数と共に福田に票を投じたが、大平に敗れている。

問題はこの直後の第二次大平内閣組閣の時のことであった。

大平は田中とも協議した末、反主流陣営から中曽根を引き離すことをもくろんだ。そこで、中曽根を蔵相として迎え入れようとしたのである。

首相官邸執務室から、大平は中曽根のもとへ、実に三回にわたり、要請の電話を入れた。

「蔵相として私を助けてもらいたい。財政運営はすべてあなたにお任せするつもりです」

「いや、私は引き受けるわけにはいきません。党幹事長なら別ですが……」

中曽根はそっけなくそう答えていた。財政再建の重い課題をただ一人委ねられてはたまらんという気持ちもあったからである。

この結果、回りまわって、最初は運輸相に予定されていた田中派の竹下登が蔵相になり、労相に予定されていた地崎宇三郎が運輸相になった。

もっともこの時、竹下登は「大平さんは、最初からオレのことを蔵相にと考えていたんだ。中曽根さんには断わられるのも承知で持ちかけたんだよ」といっていたが……。竹下の心臓もそれなりに相当のものだ。

中曽根に幹事長要求を断わられたあとで、

「中曽根派の桜内義雄なら、大平を脅かすこともあるまいからかまわん」

という目白筋の示唆もあって、党三役は、幹事長桜内に、総務会長鈴木善幸（大平派）、政調会長安倍晋太郎（福田派）という布陣になった。中曽根は無役だった。

このころから、中曽根は反主流陣営に属することの愚を悟り始めたようだ。それで、五十五年五月十六日、再び大平の不信任決議案が提出された時には、中曽根は反主流の福田、三木と敢然とタモトを分かち、本会議に出席したのである。

しかし、反主流の欠席で不信任案が可決されると、その直後、大平は衆院を解散。政界は六月二十二日の衆参同日ダブル選挙になだれ込んでいった。

その選挙期間中の六月十二日に首相大平は急逝したのであったが、ダブル選挙は自民党の大勝となり、思いもかけぬことに鈴木政権の誕生となった。

その時に、中曽根が秘かに後継政権への意欲を高めながらも「時に利あらず」、田中からも、「次を待て」といわれたのは先にも述べた。トンビに油あげをさらわれたかたちであった。

ところで、皮肉なのは、新首相となった鈴木は、中曽根ともう一人の実力者河本敏夫を閣内で同等に処遇するとして、中曽根行管庁長官、河本経企庁長官の人事配置を決めたことであった。

「行管庁長官とは……。私は蔵相を希望する」

この時は中曽根は、鈴木に対してこう求めたのである。先には蔵相を拒否し、今度は蔵相就任を求める。実力者たちの心の赴くところはなんと千変万化することだろうか。

歴史に「もしも……」が許されるとするなら、第二次大平内閣に、中曽根が蔵相を受けて入閣していたなら、大平急逝のあとは文句なく中曽根政権になっていたであろう。なぜなら、大平急逝のあと、中曽根が閣内最大の実力者として臨時首相代理になっていたはずだからである。そして選挙に大勝したあと、中曽根はそのまますんなりと総理に選出されていたであろう。とすれば、鈴木善幸政権は歴史の中にあり得なかったのである。

(人間社会、いやとくに政界というところはそういう世界だ)

相次ぐ政争の中をくぐり抜けてきた田中や中曽根には改めてそういう感懐があったであろう。

そこで、鈴木政権下では、中曽根はなかば悟り、なかばあきらめの境地になってしまった。中曽根は行管庁長官として〝行革三昧〟の職責に没頭することにしたのだった。

「中曽根の人間がかわった。見事な心境じゃないか」

と、田中や鈴木はここで中曽根を再評価した。

鈴木が五十七年十月、自民党総裁として再選に臨むかどうかの段階を迎えた時期にも、中曽根はあえて争わず、「鈴木再選なら、それはそれでよし。私は引き続き行管庁長官をつとめよう」

との心境だった。実はこの澄んだ心境がよかったのである。

鈴木は突如として、十月十二日、総裁選に出馬しないことを表明した。

「後継は中曽根君……」

という意向であった。田中はもとより異論はなかった。それどころか、田中はこの機会にいよいよ中曽根に恩義を返す時がきたと受けとっていた。

「今回は中曽根でいく！」

と田中が金丸らを怒鳴りつけたのには、これだけの経緯もあったのだった。

ある時はつき、ある時は離れ、それが政界人の生理のようなものであるが、田中と中曽根にも過去三十年余、義理や人情がからみ合い、長い時間の経過があったのである。

数の論理・力の政治

田中と中曽根の過去の関係はこの程度にして、舞台は再び五十七年十一月、中曽根内閣発足の段階にもどる。
政調会長の田中六助が「あすの新聞の見出しが思いやられる」と指摘していた通り、十一月二十七日の各紙朝刊は、前夜にきまった中曽根内閣の陣容に対して一斉に手厳しい批判を展開していた。
「がっちり、〝ロッキード・シフト〞。新内閣〝角噴射〞でスタート」（読売の社会面）
「これじゃ〝屈角内閣〞。〝親田中〞の法相登場。番頭役に懐刀、後藤田長官」（毎日の社会面）

といった調子であった。
「とりわけ驚かされたのは、『角営体制』という批判をはねのけて、田中派から大量の入閣者を出したことと、ロッキード事件の灰色高官といわれる加藤六月氏が入閣したことだ。幹事長、官房長官がいずれも田中派で占められたことも〝異常〟というほかはない」(読売社説、一部略)
「啞然とさせるような中曾根新体制のスタートである。常識の線を大きく踏みはずした異常なものを感じざるをえない」(毎日社説)
「これはもう、中曽根内閣というよりも、文字通りの『田中・中曽根内閣』である。来年のロッキード事件求刑・判決や一連の国政選挙をにらんだ派閥戦略なのだろうが、国民への挑戦的姿勢には、おどろくほかない」(朝日社説、一部略)
各紙の社説の論調も一様に厳しいものであった。
だが、新聞がなんといおうと、マスコミがどう取り上げようと、政治はいったんスタートしてしまえばそれまでである。中曽根も田中も長い政治経験からそんなことは十分に承知していた。
十一月二十七日は朝から雲一つない絶好の快晴だった。中曽根と新閣僚たちはモーニング姿に威儀をただし、午前十時前には皇居に参集した。前夜持ちこした認証式をすませるためだった。
「天気晴朗なれど波高し」
と、中曽根丸の船出を不安視するものが多いというのに、中曽根はその朝、上北沢の自宅を出る際に、
「風に向かって走ろうという気持ちだ。とにかく業績を残したい」

といかにも中曽根らしい言葉を残していた。

その日の午後、総理大臣として初の記者会見に臨んだ時の内容も、相当に異例のものだった。ダークブルーの背広、青のネクタイで会見に臨んだ中曽根は、記者団から、

「新内閣は田中支配、直角内閣との批判が出ているが……」

との質問が出ると、注目閣僚の選抜事情と人物評をひとわたり披露してみせたのである。

秦野法相――昔から知っている。歴代の警視総監の中で一番人気のあった一人だ。ざっくばらんで正直で、現代の〝遠山の金さん〞といったところ。

加藤国土庁長官――政策マンとして、八面六臂の活躍をしている。あの事件（ロッキード事件）以来、反省し、よく働き、勉強もしている。一回チャンスを与えてやりたいと思っていた。選挙民の支持を得ているので、もう入ってもいいでしょう。

後藤田官房長官――私の方で、お願いした。押しつけられたものではない。行革を重要視したからだ。断固切るものは切り、まとめるものはまとめねばならない。それをできるのが後藤田君だ。官房長官は首相派閥からとの声はわが派内部にも強かったが、人材本位で選んだのだ。

官房長官・後藤田正晴

中曽根の初会見のもようは、テレビが生中継するのを、田中も自分の事務所で見ていた。

「中曽根は立て板に水で、うまいもんだなあ」

田中は、テレビの中の中曽根に対して、なかば満足そうにうなずいていた。

田中にとっては、新聞の批判などすでに物の数ではなくなっていた。なんといわれようと慣れっこになっていた。

それよりは実利である。そして政治上の実利は、結局のところ数の力によってもたらされるというのが田中の論理だった。五十七年十一月末の段階で、田中派は衆院六十五人（田中を含む）参院四十四人の百九人に達していた。

田中の主張する数の論理によるなら、閣僚の数は、派閥構成のメンバーの数に応じてふり分けられるのである。ふつう、二十議員ぐらいに一つぐらいのポストとすると、百九人に達した田中派は、五つや六つの閣僚を占めても不思議はないというのが、田中の考え方であった。

「大臣の数が多いというが何が多いか。民主主義は数の政治だ」

きあわせた議員たちに対して、田中は怒鳴るようにそう強調もしていた。

新入閣した山本幸雄（自治）や林義郎（厚生）らが次々、お礼のあいさつにと田中の元へかけつけてくるのも、田中にとっては一つの喜びだった。

「まあよかった。頑張ってくれよ」

山本らと、がっちり握手しながら語りかける田中の言い方には、乱暴な言葉の投げかけようであって、田中独特の情味も込められていた。それが、田中の元へ議員たちを吸収する。

その点、中曽根は、派内の議員たちに対して今回の組閣人事の釈明をするにしても、もう一つザックバランになりきれないところがあった。

中曽根は、新内閣を発足させてしばらくしてから、揮毫《きごう》を求められると、

「一槌打砕　大道坦然」

と書いていた。

政治生活三十五年余、この間苦労に苦労を重ねて最後の一槌を打った時、前の山が砕けて大きな道が拓けたという意味なのだという。

それなら、中曽根派の議員たちに対しても「大道を拓くためにやむを得なかった。勘弁してもらいたい」と率直に言えばよかったのであるが、中曽根の場合は、田中流にすべて開けっぴろげになりきれぬ面がある。

だから、中曽根派内には、人事への不満が引き続き後遺症として残った。

十一月が終わって、師走に入ったばかりの十二月一日、中曽根派の総会はまるで中曽根糾弾集会のようであった。

天野光晴「中曽根首相はなぜきょう出席しないのか。総裁になった時はあいさつがあったが、総理になってから何の話もないではないか。まあ、十人もこの派閥を抜ければ政権はもたないぞ」

野田毅「よその派閥の推薦なりＯＫを取り付けないと、重要ポストにつけないとは……」

中尾栄一「何の相談もなしに組閣しておいて、すまなかったの一言もない。すまなかった、ついてきてくれというのならわかるが、このままでは困る」

要は、首相中曽根が〝田中派の雇われマダム〟になったのではないかという、もっともな不安と不満だった。

そして実際に、田中は内閣発足後、日ならずして、

「中曽根内閣は三年や五年もつ」

と呼号していた。それはまさしく自分が中曽根内閣のオーナーであり、われこそはキングメーカーだとの意識を内外に示すものであった。

田中はそうした強烈な自信の下に、「きたるべき新しい年、昭和五十八年はロッキード事件判決の年だ。だから、その前に総選挙を断行すべき年だ」と考えていた。

しかも、次の総選挙は、参院選とのダブル選挙にすべきだというのが、田中のかねてからの強い主張だった。

政局運営をめぐる田中と中曽根との協力の中の緊張関係が、この問題をめぐって生じてくる。

第Ⅱ章 闇将軍が落とした悔し涙

五十八年一月一日、〝わが世の春〟

いつの年もそうであるが、毎年元旦は目白台の田中邸のにぎわいが話題となる。五十八年一月一日もその例外ではなかった。元日の田中邸のにぎわいは、そのまま政界の最高実力者田中角栄の勢威をいかんなく示すものであった。

この年は午前七時二十五分、田中邸正門右側のポールに日章旗が上がると、間もなく門が開いた。午前八時前には、ホテルニューオータニの出張宴会用の二トン車が到着して、大量のオードブルを運び入れた。

「明けましておめでとうございます」

午前八時半、政治家の一番乗りでやってきたのは、新厚相の林義郎だった。林はモーニング姿である。田中に年始のあいさつをすませたあと、閣僚として宮中の新年祝賀会に出席するためだった。

続いて、建設相内海英男、官房長官後藤田正晴ら……。田中派議員が続々と邸内に入っていった。

「さあ、こっちへこっちへ……。君はここへ座れよ。まずはビールでも飲め……」

田中は上機嫌で議員たちを迎え入れると、自らビールの栓を抜き、コップに注いですすめた。

三千三百坪に上る目白台の田中邸内。事務所部分には二百人は収容できる大ホールができたばかりであった。ホールの向かって左側の壁間には、天皇、皇后両陛下のお写真が飾られてあり、向きあって右側の壁間には、雲海に浮かぶ富士山の写真が掲げてある。

ホール内には、白いカーテン越しに、広い庭から新年の朝の日が鈍くさしこんでいた。

ホールに三列に並べられたテーブルの上には、オールドパー、レミーマルタン、さらにビールも日本酒も所狭しと林立している。ホテル特製のオードブルも、仕出しのおせち料理も、新潟名物ブリ大根の煮つけも、あるいはピーナツもすしも並んでいた。客たちはそれらから好きなものを選んで飲み好きなものをとって食べるのだった。

客の中には、田中派の議員だけでなく、昼すぎには中曽根派の桜内義雄、宇野宗佑、鈴木派の塩崎潤、さらに木内昭胤外務省アジア局長（現駐マレーシア大使）や小長啓一通産省政策局長（現事務次官）ら高級官僚の姿もみられるようになった。

やがて、ロッキード事件公判弁護団の原長栄や新関勝芳らも年始の挨拶にやってきた。

田中は、すでにアルコールで顔を赤くほてらしていた。

「飲めや、飲めや、オレは午後四時までに百杯は飲むぞ」

田中邸の主人は、陽気な声を上げていた。その合い間合い間に、政治向きの話が出ると、

「中曽根内閣は三年から五年は続くぞ」

前の年の暮れ以来いっていることを元旦のこの日もいい続けた。そして、次期総選挙の立候補予定者が、田中に対してとくにねんごろにあいさつをすると、田中は、きっぱりといい切っていた。

「選挙はいつやってもいい。自民党は負けはしない」

と……。

この田中の発言には、さすがに居並ぶ議員たちもドキッと耳をそば立てるふうだった。ロッキード事件一審判決を迎えるこの年の年頭に、田中が総選挙について早くも言及したのは、やはり判決前の早い時期に選挙を想定しているからに他ならないのだった。議員たちにとって、夢々油断はできないのである。

午後四時ごろになると、田中邸の年始客はほとんどが引き上げていったが、朝からの客の総計は四百人を超えた。前年よりは少しさびしいというものの、それにしてもことしもわき立つような雰囲気であることに変わりはなかった。

目白台の田中邸では、新潟の地元客が訪ねてきたりすると、一月二十日ごろまでは、なんだかんだと元日のようなもてなしが引き続き続くのである。

一方、新首相中曽根の元日の方は——。

中曽根は年の瀬の十二月十九日、東京・上北沢の私邸から、首相官邸の裏側にある首相公邸に

引っ越しをしていた。戦後、首相公邸に住むのは、佐藤、三木両首相に続いて三人目で、

「公人である以上、公邸があるならばそこに住むのが当然でしょう」

というのが、中曽根の考え方だった。とくに〝仕事師内閣〟を自任する合理主義者中曽根のことだ。職住近接の方が都合がいいといって、予定より早く昨年のうちに引っ越しを完了したのである。

官房長官後藤田も、十二月二十一日から長官公邸に転居した。首相公邸とは道一つ隔てた隣り同士である。首相、官房長官がそろって公邸に住むのは、四十六年から四十七年にかけての佐藤首相、竹下官房長官以来のことだ。

というわけで、五十八年元旦を、中曽根は夫人蔦子と共に首相公邸で迎えている。

首相公邸は平屋建て約五百平方メートルの広さ。大小とりまぜ和室四、応接室三、洋室一の8LDKである。その応接室三つを全部開放して、昼前から中曽根夫妻は次々と年始客を迎え入れていた。

「やあ、よくきて下さいました。ことしもどうかよろしくお願い致します」

中曽根はまだモーニングを普通の背広姿に着換えるひまもないままに、客たちの間を挨拶して回った。

年始の客は知人、友人、親類をはじめけっこう数は多い。しかし政界人となるとその数は少ない。目白の方とは相当の違いがあるようすだった。

だから、首相公邸から目白台の田中邸へ年始に回った宇野宗佑はあとで、

「わが中曽根派で、中曽根総理のもとへかけつけたのは見ていた限りでも四、五人だけ。目白とは大違いだ。率直にいって田中派との団結力の違いを感じましたねえ」

と慨嘆したものだ。

首相公邸の応接間と廊下には、酒や正月のおせち料理も卓上にたくさん並べられている。中曽根が好物だという、栗きんとんも並んでいた。しかし、客たちの応接に追われている中曽根はもちろんそれに箸をつけるゆとりもない。

正月といえば、中曽根は年頭にあたっての俳句を詠むのを常とする。

いつぞやの年も、

「潮けぶる　大日輪を　ふし拝む」

というのが、年頭の句であった。

しかし、ことしは昨年来の政務多忙に追われて、まだ新年の句を考える余裕もなかった。

ただ、元日の朝、皇居の新年祝賀に出席した際に、中曽根はフト、一句を詠み上げていた。

「老天子　頸飾重き　春に耐え」

というものだった。天皇陛下が大勲位の勲章を胸に祝賀を受けたのに対し、中曽根はその感慨を句に盛り込んだのだった。

首相公邸への年始客も、やはり午後四時近くなると、潮を引いたように去っていった。中曽根は公邸を出て新年休みのため静岡県河津町今井浜の鹿島別邸へ向かった。

「巨き濤《なみ》　初日おろがむ　脚《あし》にきぬ」

「波洗う　足跡きざみ　浜あける」

今井浜でようやく休養の時を得て、中曽根は、どうやら新年の俳句をものすることができたのである。

「政治は波に舳先《へさき》を向けて突き進まないといけない。横を向いていると、波に倒されてしまう」

伊豆の浜辺を歩きながら、中曽根の感想と決意はこういうことであったが、確かに中曽根にとって気がかりなことは山ほどあった。日米関係や日韓関係をはじめ外交関係の調整と促進がそうである。下旬には国会も再開されるので、その乗り切りのこともある。

しかし、やはり一番の気がかりはなにかといえば、ことしが選挙の年だということだった。

四月には統一地方選挙がある――

六月には参院通常選挙がある――

この二つは、すでに日程も固まってきている。残るはもう一つ、次の総選挙をどこに設定するかということであった。

しかも、中曽根はこれに勝たねばならない。衆院解散、総選挙とその勝利。中曽根にとっては、これが一番の政治課題といえたのである。田中に対するロッキード公判判決の時期を一方でにらみながら、一方で解散、総選挙の時期をどこかに設定していかなければならないのだった。

「ことしは、癸亥《みずのとい》の年であります。私が尊敬する学者（故安岡正篤《まさひろ》のこと）の説によると、癸亥の年は、展望を明らかにしてエネルギーを爆発させる年であります。ことしは選挙もいろいろあり、重要な歴史的な年となります。みなさんと共に、歴史的責任を果たしてまいりたいと思っております」

中曽根は、元日の朝、自民党本部の新年祝賀会では、幹事長二階堂ら党幹部たちを前にこう挨拶していた。

「ことしは選挙もいろいろあり……」と述べたのは統一地方選や参院選のこともあるが、もちろん衆院解散、総選挙のことを念頭におきながら発言していたのである。

その意味では、目白の田中が「選挙はいつやってもいい」と述べたことと、中曽根の認識には共通するものがあった。基本の認識にはまったく変わりはない。

しかし、総選挙の設定の時期をめぐっていつがいいのか、田中と中曽根と、二人の意見と主張とがやがて激しく対立するようになろうとは、この元旦の時点では二人ともまだ思いもしなかった――。中曽根は、一月十一、十二日の両日、韓国を正式に訪問することが急きょ決まって、その準備の方に追われていた。

ダブル選挙への執念

少しさかのぼって、五十七年十一月十九日。この日は、自民党総裁選挙予備選の戦いが大詰めを迎えているころだった。

その夜、都内のホテルニューオータニでは、中曽根派の若手議員、牧野隆守（福井全県区）の激励会が開かれていた。

田中はそれにかけつけた。そして、中曽根が演壇の下で聞いている前で、長広舌をふるったのだ。

「ここにいる中曽根君（当時行管庁長官）は、二、三日のうちに総理になる。これは三年、政権を担当しますよ。そのために来年はダブル選挙だ！　そして、ダブル選挙となればあと六十一年まで三年間は国政レベルの選挙はない。

その間、懸案事項は、全部中曽根君が片付けることになる」

〝ダブル選挙〟――田中がそう主張するのは、五十八年六月予定の参院通常選挙に合わせて、同じ日に衆院選の投票日もぶっつけようという構想であった。

大平首相急逝後のダブル選挙（五十五年六月）では、自民党は衆参両院で大勝した。これは、大平急死に対して世間の同情も集まったからとする分析が有力であったが、田中は、とにかく再びダブル選挙なら選挙戦の仕組みからいって、圧倒的に自民党有利と踏んでいるのだった。

「柳の下にドジョウは、三匹はいないかもしれんが、二匹はいるヨ」

田中はかねてから側近にこう語っていた。いままではだれよりも強硬な〝ダブル選挙〟論者として知られていた。しかし、その持論を次期総理・総裁有力候補者、中曽根の目の前で堂々とぶっつけるとは……。

しかも、スピーチの途中、田中は〝中曽根〟と、何回か呼び捨てで呼んだりしていた。これはどちらに真の権力が存するのか、両者の力関係をなによりもよく物語るようなシーンであった。予備選挙を通じて、反主流派は「党外の人（田中のこと）による影響力排除」を強く訴えてきていたが、田中はそんなことはまるで気にもしていないのだった。

（解散、総選挙の時期はオレが決めるんだ）

田中の語るところには、そういう趣きさえないこともなかった。中曽根も壇の下で田中の発言を黙然と、なかば受け入れるように聞くしかなかったのである。

こうした田中の意向もあって、田中派では次期衆院選には、新人を含め百人前後の候補者を立てる準備がすでに早々と進められていた。

「参院選を来年六月二十六日の日曜日投票でやるとなると、ダブル選挙にするには衆院を五月二十二日から二十六日の間に解散すればいいんだよ」

「公選法の規定からするとそういうことになるね。通常国会は百五十日間の当初会期が五十八年五月中旬には切れるから、そうなると会期を十日間か二週間延長して解散すればいいんだね」

田中派内部では、〝ダブル選挙〟を既定の事実のように前提視して、早くも具体的な選挙日程までを口にのせるようになっていたのである。

田中にとっては、ダブル選挙によって自民党と田中派が大勝すれば、五十八年の年末に予定されているロッキード公判一審判決以後の政局を乗り切れるとの判断だった。したがって、田中にとってはダブル選挙を強く主張するのは、おのれの政治生命をかけた真剣勝負だったのである。

このあと、田中の発言は引き続きエスカレートしていった。

木曜クラブ（田中派）は、毎年、年末には忘年会、さらに通常国会再開直前の一月下旬には新年会パーティーを開くのが恒例だ。いつも会場はホテルニューオータニである。

五十七年十二月二十一日の忘年会の時には、田中の挨拶はいま一つ迫力を欠いていた。これは翌二十二日に、ロッキード公判で田中被告に対する被告人質問が行なわれることになっていたせいもあったのだろう。

総選挙の動向についてもこの時は「来年は大変な年になる」と述べた程度だった。

しかし、年が明けて一月二十四日、午後六時から開いた新年パーティーでは、再び田中のボルテージは上がるばかりだった。

「戦後三十八年、自民党としてはことしは総選挙を避けて通れぬ年だ。総選挙をやらずに果たして一年持つか」

初めは抑えた静かな語り口だったものが、段々と高ぶった口調になっていく。最後は要所要所で声を張り上げる、いつもの角栄節であった。内容も話の大半が選挙のことなのである。

「選挙は戦争だ。お互いの責任で勝ち残ることを誓ってほしい」

「しかし、現職諸君には、激戦区の応援にも行ってほしい。諸君がだれの応援に行ったか、あとで聞くつもりだ。本当ですよッ」

田中が選挙に寄せる熱意は、とどまるところをしらぬといった感じだ。

次の衆参両院選挙に、田中派から出馬する予定の新人候補は二十三人にも及ぶ。会場ではその一人一人が司会役の渡部恒三から紹介される。そのトップを切って紹介されたのが、田中の娘婿田中直紀であった。ひときわ大柄な体格が目立つ直紀が、紹介を受けて片手を高々と上げて会場に向かって挨拶すると、田中は目を細め、自ら先頭に立って拍手を送った。

田中直紀は、気配りの細やかな、明るい人柄である。目白台の田中邸内の別棟に妻真紀子、子ども三人と共に住む。

「オヤジとはお互い廊下づたいでいけるところに住んでいますがね、政治の細かいところまでオヤジが教えてくれるわけではありません」

直紀はそういいながらも、政界進出へのチャンスをじっとうかがってきた。それが、直紀の出身の地元の福島三区で、河本派の菅波茂が五十七年七月、病気のため引退することになった。直紀はそこで菅波の地盤や人脈を受けつぐかたちで、次期総選挙に出馬することになったのである。

皮肉なことに、菅波は河本派所属の中の三木武夫直系ともいえる議員であった。三木直系の鯨岡兵輔とは親類同士でもある。

ロッキード事件以後、田中と三木の関係は、まさしく怨敵のようなものになったが、田中は娘婿を政界に送り出すためには、そんなこともかまってはおれなかった。

「菅波君の後継者を、直紀にしてもらうとありがたい。どうか、いろいろ骨を折ってもらえんだろうか」

「それはわかったが、では地域のために小名浜港ポートアイランドや常磐自動車道計画の促進に手を貸して下さいますか」

「よし、よし」

いつぞや、田中派の渡部恒三が、福島県会議長中田武雄を伴って目白を訪れた時に、田中は中田に対して直紀のことを腰を折るようにして頼んだ。かわりに田中は、福島県の浜通り地方の開発促進を引き受けたのである。中田は、菅波の有力支持者だった。

そうした田中の働きかけが功を奏したのだろう。菅波は病床に倒れると、田中―三木の対立を乗りこえて直紀を後継者にと指名した。闘病生活を続けていた菅波は、五十七年十二月、ついに不帰の人となった。

十二月二十六日は、福島県いわき市で菅波の密葬が行なわれる日であった。田中はヘリコプターで現地へ飛んでいった。

葬儀委員長は、自民党福島県連会長の渡部恒三であった。密葬には東京から河本敏夫もかけつけてきたが、田中は河本をしりめに、しきりに渡部に対して葬儀とりしきりの指示を発していた。それは周囲の人に異様にさえ思わせるほどの力のいれようだった。田中にすればそれくらい娘婿のことが気がかりであり、可愛いいのでもあった。

ついで、菅波の本葬がとり行なわれることになったのは、年を越えて一月二十三日である。

この日、田中は再びヘリコプターに乗り込むと、午前十時前にはいわき市に降りたった。最初にかけつけたのは、いわき勤労青少年体育館である。

ここには、直紀が後援会員六百人と共に待ちかまえていた。

「私はだいぶ評判が悪いようですが、皆さん、会ってみればそんな悪い男じゃないでしょう。高速道路網さえ完成すれば、いわきの人口は倍になりますよ」

演壇に立った田中は、こう語って、直紀の支持者を笑わせたり喜ばせたりした。

ついで、午後一時から菅波の本葬が行なわれる市内の小学校体育館へ移動すると、そこには元首相三木武夫と、前経企庁長官河本敏夫もきていた。

ロッキード事件で田中が逮捕、起訴されて以後、田中は私的な会話の中で、

「オレにとって重要犯罪人はだれかといえば、三木、稲葉をはじめ井出、河本、宮沢、松野らがそうだ。彼らにしてやられた」

とぶちまけたことがあった。首相の三木、法相だった稲葉修、官房長官の井出一太郎、通産相の河本らは三木政権当時の中心的存在として同罪だというのである。宮沢というのは当時の外相宮沢喜一であり、外相宮沢が米側に対して捜査資料の積極的提供を求めたのが田中には気に入らないのだった。松野は三木政権で政調会長、総務会長をやった松野頼三のことだ。

河本に対してはつい昨年秋の総裁選挙では、中曽根支持の田中が、つぶしに回った関係でもある。

それが、本葬の会場では、田中は左側に三木、右側に河本と二人にはさまれて座る状況となった。さすがに田中もバツが悪い思いをしたのか、三木とは珍しく握手をかわしたものの、二言、三言話しあうくらいで多くを語りはしなかった。

それが昨日のことである。菅波の本葬が終わると田中は再びヘリコプターで帰京した。そして、きょうは田中派の新年パーティーに出席している。

新人候補の一番手を切って娘婿の田中直紀が紹介されるのをみやりながら、

（とにかくオレも直紀も、そして田中派の連中みんなが、次のダブル選挙で勝ち抜かねばならない）

田中は改めて思うのだった。田中はウイスキーの水割りを最後にもうひと口のみほすと、ＳＰや秘書や報道陣を引きつれて、会場をうずのように立ち去っていった。

検察庁法第十四条

田中がこれほどまでに〝ダブル選挙〟を予定し、派内の選挙準備を急いでいたのはどこに理由があったのか。もちろん、娘婿直紀ら新人候補の個々の選挙区のことを考えていたからだけではない。

なんといっても、自分のロッキード事件公判の推移をにらんでいたのだ。そして一審判決の前に選挙をやり、これに大勝して自らの政治的支配力を保持し続けることに、最大のねらいがあったのである。

「私に世間から批判があるのは承知している。しかし、三十有余年も戦後の政治の世界のどまん中におって、いくばくかの努力をしてきたのだ。その自分がなんで簡単に辞められるか」

田中派新年パーティーの際にもらしたこの言葉が、田中の本音の心境であった。

中曽根内閣が発足した際に、秦野章の法相起用を強く求めたのも、田中にすれば一つにロッキード事件問題との関連を配慮したからではなかったか。

衆院本会議場で、田中の議席は議長席に向かって一番左側の最後列にある。田中の右手のヒナ段には閣僚たちがズラリと並んでいる。中曽根内閣発足の直後、田中はわざわざヒナ段のそばまでいって一番左端に座っていた法相秦野と握手したことまである。というのも、法相秦野の果たす役割りに、田中はなにごとかを期待する向きもあるからだった。

「ロッキード事件で、指揮権発動をするとかしないとか軽々にいうわけにはいかない。一般論としていえば、指揮権発動の制度があるにもかかわらず、発動するとかしないとか明言することは制度の否定となる」

秦野は、国会で野党側の質問を受けると、こう答えていた。

秦野とすれば、これは田中の立場をも考えた精一杯の答弁であった。

参院予算委員会（五十七年十二月二十三日）で、社会党の寺田熊雄が聞いた時も、秦野は以下のようなやりとりをしている。

寺田「ロッキード公判一審の論告求刑については、直前に事務連絡があると思う。『この求刑は重過ぎる。もっと軽くしろ』なんていうことはやるべきではないと思うがいかがか」

秦野「特定の事件に興味を持つのは大臣として落第だ。求刑について私に報告がこなければこないでいいし、くれば見る。大きな事件について関心があることは事実だが、常識でさばいていく。干渉なんか、おそらくそんな余地はないと思う。そんなことをいう余地はないと思っている」

つまり、秦野は国会答弁の中で、制度としての指揮権発動を否定することはなかったが、求刑の内容にまで口をはさむことは、明確に否定したのである。田中に近く、田中の立場に理解を示す秦野としても、法相としての権限の行使に限界があることはよく承知しているのだった。

法務省の大臣室は、東京・桜田門の庁舎の二階左角にある。広々として明るい大臣室である。

そこからは、皇居のお濠のあたりを木立ち越しに望むことができる。秦野は、国会から広い大臣室に戻ってソファーに身を沈めると、

「この事件で指揮権発動なんかできるわけがないことは、初めからわかっているじゃないか」

と、だれともなくつぶやいた。しかし、制度としてそれはあると主張することが、せめてもの田中に対する友情のあかしなのだ。

すでに、前の年の暮れのうちに、田中に対する論告求刑公判は、五十八年一月二十六日に行なわれることに決まっていた。

その日を直前に控えて、一月二十日午後検察側は最高首脳会議を開き、田中角栄被告に対する求刑など論告の最終内容を決定した。

翌一月二十一日午前、首相官邸の定例閣議が終わって秦野が法務大臣室へ帰ってくると、刑事局長前田宏が厚さ十五センチにも及ぶ書類をかかえて、大臣室へ入った。

異例のことに、法務事務次官の藤島昭も立ち去った。この時秦野に対して、論告概要の説明と報告は、ちょうど一時間もかかった。

「六年間で百八十三回にもわたった公判をしめくくるんだからな、そりゃ報告も長くなるわな」

秦野は大臣室を出てくると、それ以上はなにもいわずに沈黙を守った。

法相には検察庁法第十四条による、いわゆる指揮権発動の権限がある。検事総長を通じて検察を指揮できるわけであるが、秦野は先の国会答弁通り、法務当局の事前説明に対し、求刑も含めてすべてに口をはさまなかったのだ。

「報告を聞いた。それ以上でもそれ以下でもない」

そう語った秦野の言葉にウソはなかったのだ。となれば、検察側の主張からいって、田中に対しては受託収賄罪の最高刑である懲役五年が求刑されるのは、もはや確実であった。

秦野になにごとかを期待して法相に据えたにしても、秦野の立場からいうと、田中の意図したところはとてもとても実現不可能だったのである。

〽わびしさよ
　せめて傷心《いたみ》の　なぐさめに
　ギターをとりて　爪びけば
　どこまで時雨　ゆく秋ぞ……

田中は愛唱歌「影を慕いて」の一節を口ずさみながら、公判の厳しい前途を思うこともあった。

法的ルールの世界では、田中がいくらその支配力を行使しようとしても、それは最初から無理な話であった。となれば、選挙を通じ、政治の世界で力をみせつけていくことが、田中には残された唯一最高の道だったのだ――。

中曽根の苦悩

五十八年一月二十六日。ロッキード公判丸紅ルートの論告求刑公判の日。

東京地裁七〇一号法廷では、朝十時から検察の論告が延々と続いていた。

「国民全体の道義の維持に深刻な影響を及ぼし……」

「民主政治の根幹を揺るがす」

「反省の色は全くみられない」

「刑事責任は重く、かつ重大である」

論告の内容は、思った以上に厳しいものだった。田中はつぶった目を時折薄くあけて、論告内容に聞き入っていた。

最後に求刑。田中を筆頭に檜山広元丸紅会長ら五被告に求刑が言い渡された。

「よって、懲役五年、追徴金五億円……」

田中は、自らへの求刑を聞くと、腹のあたりに組んでいた両手をほどき、扇子を左手でつかんだ。盛り上がる感情をじっと押し殺している。

「本日はこれまで……」

岡田光了裁判長が閉廷を宣言したのは、午後四時二十二分、あたりはすでに暮れ始めていた。

田中はそのまま、まっすぐ目白台の自邸に帰ると、すぐに田中派議員が次々に詰めかけてきた。

「論告・求刑は裁判の経過点に過ぎない。これまで厳しい風雪に耐えてきた田中派は、今後とも一致団結して無罪を勝ちとるまで頑張る」

「論告・求刑の内容がどうであれ、田中軍団は微動だにしない」

田中派幹部の江崎真澄や小沢辰男は口々にそういうのだった。

蔵相竹下の後見人と目されている金丸信も、田中に向かうと、

「オヤジさん、あんたが逮捕された五十一年夏の一番苦しい時だって、田中派の結束は崩れなかったじゃないですか。あんたが困っている時に、派を割って結束を乱すようなことはしませんよ」

というと、田中は金丸の手を握って、

「ありがとう。頼むよ。オレは無罪だ」

と語るのだった。

田中軍団の議員たちは、とにかく結束を保ち、近づいた総選挙で勝利を得れば、ミソギがなされると考えていたのである。

しかし、野党の側はもちろんそうはいかない。論告・求刑を受けて「田中議員辞職勧告決議案」を共同で提案することに傾いていった（二月四日提出）。

ちょうど折から第九十八通常国会は再開されたばかりだ。求刑があった翌二十七日には、衆院本会議で各党の代表質問も始まった。

こういう事態になってみると、一手に難題をかかえてしまったのが、首相中曽根であった。田

中問題はもちろんのこと、解散、総選挙の動向についても軽率な発言はできない状況になってしまったのである。

というのは、とくに解散、総選挙問題でうかつな発言をすれば、それはますます、田中主導型だと世間から非難されるのは目に見えていた。中曽根は段々と慎重になった。

「解散は政府が挑んでやるべきものではない。もうこれ以外にないというぎりぎりの場合だけだ。ダブル選挙は、それを目ざしてやるのは邪道だが、政局が行き詰まり、ぎりぎりやむを得ず、たまたまぶつかることがないとはいえない」

「解散はできるだけやるべきではない。しかし、内閣不信任案が提出されどうにもならないとか、重要法案の審議が暗礁に乗り上げた時にはやらざるを得ない」

中曽根は年頭の記者会見や、訪米してレーガン米大統領と会談したあとのワシントン（一月十九日夜）では、まだまだこのような発言をくり返していた。

中曽根が、自ら解散問題にしばしば言及したのは、野党に対して脅しのねらいもあったのだが、解散、総選挙に自ら積極的な姿勢をとっていることに間違いはなかった。だから一連の中曽根発言を与野党が一様に「ダブル選挙の方向だろう」と受けとったのも、当然である。

しかも、一月三十日、ロッキード事件一審求刑の直後、中曽根は大阪で関西経済五団体と懇談した時にもなお、

「四月あるいは夏には大きな選挙があるが、内政（行財政改革）が焦点になるのは必然」と語っていた。しかし中曽根の積極発言はこのへんまでであった。

というのは、自民党内で反主流のリーダー福田赳夫がいち早く解散反対論を表明し始めたのだ。

「いまの自民党の圧倒的な過半数体制は大平さんが死をもって残した遺産だ。それを前後の見さかいもなく解散などをしてはいかん」

福田は一月下旬、岐阜市へ出向いた際に言葉厳しくこう述べたが、福田は一連の中曽根発言の背後に、田中のカゲを強く感じとり、かねて苦々しい思いを深めていた。

「わが輩はからだを張っても早期解散を阻止するつもりだ」

福田はそうも語っていた。河本敏夫もその思いにまったく変わりはなかった。

福田の発言を受けて、福田派内にもダブル選挙反対論が強まっていった。

福田赳夫

外相の安倍が、「自民党に有利だからということで、大義名分のない解散はすべきでない」と語ると、福田派の世話人会では、三塚博や玉沢徳一郎らが、

「ダブル選挙は、ロッキード判決を控えた田中派が生き残るために考えたものだ。田中派を助けるために、国や党を犠牲にはできない」

と、口調を強めて主張するほどであった。

こうした反主流側の批判を呼びおこしたのは、

実は中曽根の方にも非があったのだ。

一月訪米（一月十七日出発、同二十一日帰国）で、ワシントンを公式訪問、レーガン大統領との間に〝ロン・ヤス〟関係を樹立した中曽根は、好機嫌そのものでつい口がすべってしまったのだ。

訪米中、ワシントン・ポスト紙の単独インタビューに応じた中で、中曽根は、日本の防衛能力整備の目標について、

「第一に日本列島を不沈空母のように強力に防衛し、ソ連のバックファイア爆撃機が侵入するのを阻止する」

「第二に日本列島の四海峡を完全にコントロールして、ソ連潜水艦の航行やその他の海軍の活動を行なわせないこと」

「第三にオーシャンライン（洋上交通路）を守り維持することであり、わが国の周辺数百カイリから東京―グアム間と、大阪と台湾海峡間のシーレーン防衛へ拡大すること」

と語ったのである。

この発言に対しては、野党、新聞はもちろん与党内からも大反発が生じていた。

こんな政治状況にしてしまった下で、早期解散に打って出たら、自民党は大敗北を喫するだけではないか、という不安と批判であった。

自民党の反主流だけではない、主流の一翼をになう鈴木派からも強烈な憤懣の声が上がってきた。

二月に入ると、鈴木派の幹部たちは、

「こんな状況で選挙をやったって勝てるわけがない。ダブル選挙をやる必要はない。中曽根首相は、任期満了の来年（五十九年）六月まで解散なしでやったらいい」

などといい出したのである。

これは、鈴木派内で丹羽雄哉、浜田卓二郎、白川勝彦、太田誠一らの若手議員たちが、中曽根の改憲姿勢や「不沈空母」発言などにみられるタカ派姿勢を強く批判、さらにあわせてロッキード求刑以後、政治倫理の問題に消極的な中曽根に対し、強い不信感をぶっつけてきたのであった。

「党の現状に黙っているわけにはいかない。いまは、同じ憂いを持つ同士が、意識の連帯を強めていく時だ」

「中曽根さんを黙らせなきゃならない。あの人はマキァベリストだ」

浜田や白川らは語気を強めて批判した。

派内の空気が変化していくのをみて、前首相鈴木善幸の対応も素早いものだった。

鈴木は、二月十六日、幹事長二階堂進と会談した際に、

「いまのようなやり方では、選挙をやっても野党ペースになってしまう」

と〝中曽根批判〟を明らかにしたのである。

「衆参同時選挙でなくては自民党は敗北するという話があるが、私はそうは思わない。衆院の安定多数というかけがえのない状態を抱き合わせ選挙で損なう危険をおかす必要は全くないじゃな

いか」

と、鈴木の反対発言はさらにエスカレートしていった。

鈴木は昨年末、目白の田中と二人だけで極秘会談した時には、田中に完全に同調して、

「田中、鈴木両派は今後とも協力関係を維持する」

「総選挙は五十八年六月、参院との同日選挙でするのが望ましい」

この二点で、合意したと伝えられたのである。これと比べれば、驚くような鈴木の変わりようだった。

福田、河本両派やさらに鈴木派の懸念は、確かに一月末以来のいくつかの選挙結果に事実として現われていた。

一月三十日、北九州市長選が行なわれ、保守の谷伍平は五選を果たした。だが、わずか二万六千票という僅差であった。

社共の革新候補は「最大限二十万票とれれば……」と、社会党の衆院議員細谷治嘉（福岡三区）でさえ思っていたところ、実に二十二万七千票を獲得していた。

「勝ちはしたもののあれは事実上の敗北だ」

自民党の福岡選出の三原朝雄や太田誠一らがこう語るほどであった。

ついで二月十三日投票の参院栃木地方区補選では、社会党候補が楽勝した。保守系無所属候補の出馬もあって票が割れたという面もあったが、明らかに中間の浮動票、とくに婦人票が革新候補に流れたのだった。

これは、一大事――自民党内には厳しい客観情勢に対する認識が高まっていた。「不沈空母」発言などに対する有権者の批判は、内閣支持率の低下となって現われてもいた。

読売新聞社の二月十九、二十日両日の世論調査では、支持率三四・五％（前月は三九・六％）不支持率四五・二％（同四〇・三％）と、急速に不支持率が高まっていた。

解散どころではない状況となってきたのである。それでも、引き続き田中派議員だけは意気軒高であった。

「五十八年度予算を成立させてから選挙になる。ダブル選挙にならざるを得ないんじゃないの」

小沢辰男がこう語れば、金丸信も、

「結局、与野党の話し合い解散になるのではないか。六月のダブル選挙が有力だ」

と見通しを語っていた。

ダブル選挙をめぐって、これを推進しようとする田中派、これに反対する福田、河本派。主流と反主流との間でまさしく綱引きが始まったのである。

間に立って、中曽根は苦悩した。

〝風見鶏〟の決断

しかし、こういう時の中曽根は、まったく身軽な転換ぶりを示すものである。〝風見鶏〟の異名にふさわしい。

形勢、利あらずとみると、懸命にダブル選挙の火消しに回り始めたのである。

「早期解散なんて考えていないな。いまは政局を安定させることが先決ですよ」

二月下旬のある朝、中曽根は首相官邸に、当選一回議員十五人を招くと、こう話しかけていた。翌日は当選二回の代議士三十三人を招くと、

「解散はやらない。任期一杯務めてもらう。内政に重点をおいて成果を上げるには時間が必要だ」

と、きっぱりといったのである。

明らかに変身であった。しかし、中曽根は反主流派や鈴木派からも早期解散反対をぶち上げられて、思うにまかせずいささか頭にきた面もあるのであろう、記者団に囲まれると、

「解散、解散と新聞が大きく書くからいかん。きっと私は背が高いから、なにかみんなから強く見えるんだろうよ」

と、なかば八つ当たり気味に、反主流首脳を皮肉った。

中曽根の身長は一七六センチ。福田が一六八センチ、三木一六〇センチ、田中一六四センチ、鈴木一六五センチ、といずれよりも十センチほど高い。中曽根はそんなことを自らの発言の中に皮肉としてこめていたのであろうか。

しかし、〝ダブル選挙〟回避論に対して、だれよりも頭にきていたのは、実は目白の田中だったのである。

田中にとっては、思いもしない展開だった。ヘナヘナときかけた中曽根に対して、無性に腹が立った。両者の緊張関係は急速に高まることになった。

三月下旬から四月初めにかけて、関東地方はぐずついた天気が続いていた。一日晴れると、次の日は雨降りになるというふうであった。天気のもようが、なにやら〝ダブル選挙〟をめぐる、もやもやした政局の動向を象徴しているようでもあった。

三月下旬のある日、中曽根は首相官邸から目白台の田中に電話をかけると、さも困ったような口ぶりで語りかけていた。

「あまりダブル選挙、ダブル選挙といわないで下さいよ。党内にリアクションが出てくるものですから……」

「なにをいうんだ。君のためを思っていっているんじゃないか。いまやらずに、いつやるんだ！」

田中は、明らかに怒りを隠さなかった。中曽根だってこれまで解散ムードを煽りに煽っておきながら、ここで急転回しようとするとは——田中は不快感を露わにした。二人の間には、対立の感情がただよい始めた。

しかし、田中も冷静になって考えてみると、中曽根の立場もわからないわけではない。党内の反主流派だけでなく、主流の前首相鈴木にも反対の意向があるのは軽視できない。

中曽根は、鈴木の気持ちをなんとか柔らげようとして、三月のはじめ、東京・築地の高級料亭「吉兆」に鈴木夫妻を招き懇談したことがあった。中曽根はこの席で、最近つくったという俳句を鈴木に披露すると、

「あんたは偉いよ。忙しい中でも時間を惜しんで俳句をつくるゆとりがあるんだから……」

鈴木はこういって中曽根を皮肉ったものだった。

そうした鈴木の気持ちを、田中はもちろんよく知っている。それで、中曽根が「ダブル選挙、ダブル選挙といわないで下さいよ」というのなら、しばらくはそれに従ってみようという気にもなった。

〝まあどうせ、ダブル選挙への流れは変えられない〟と判断していたこともあるが……。

「オレはもう選挙の話はしないよ。『アンタはしゃべらんでくれ』とウチの幹部からもクギを刺されているからな」

このころ、田中は田中派の議員たちに、笑いかけて語りながらも、好機嫌そのものだった。自分が沈黙することによって、〝ダブル選挙〟への方向はなお固まってくるとみていたからだった。

四月十日の統一地方選挙で、自民党は北海道、福岡両知事選では敗北した。しかし、県議選レベルでは逆に議席数をふやしたこともあり、党内ではやはり〝ダブル選挙〟の方向かとの見方が一般的なのだった。

バタバタと動きが表立って、急激になってきたのは、桜も散って四月二十五日からの週のことだった。

中曽根は連休の間、東南アジア諸国連合（ＡＳＥＡＮ）各国を訪問することにしており、四月三十日午前出発の予定だった。となると、〝ダブル選挙〟なのか回避なのか、それまでにハラを決めておかねばならない。年初来いわれていた「六月二十六日同日選挙」の線で進むとなると、ＡＳＥＡＮから帰った五月初めの段階では、準備などを考えるとタイミングが遅すぎるのだ。出発前にどうしても決断を下す必要があった。

四月二十五日の月曜日、中曽根はその夜、衆院議長福田一、参院議長徳永正利を「吉兆」に招いて会談した。

「衆院解散はこちらからはやらない。しかし、受けて立つつもりだ」

中曽根は席上、こう語ったと伝えられた。

福田一らは同夜、「受けて立つ、というのは不信任案が出れば解散するということだろう。不信任案を否決することも受けて立つことに含まれるかもしれないが、常識的には解散だ」と解説してみせたのである。

となれば動きは一気に——。翌朝の各紙一面が、「同日選挙、首相の意向」「六月二十六日投票の線」などと大々的に報じたのもやむを得ないところだった。

だが、中曽根はその時すでに新聞紙面とはまったく逆の決断を下していた。

「ダブル選挙は回避だ！」と……。

中曽根は最後の最後でやはり、田中主導になることを恐れたのである。その結果、有権者の批判をあびて、もし総選挙で敗れたらどうなるかと……。

使者、藤波孝生と目白の怒り

四月二十五日夜、中曽根は政調会長田中六助を目白台の田中のもとへ走らせていた。ダブル選挙回避の了解を得るためである。

「なにをいうのか、ダブル選挙をやらないと、中曽根は野たれ死にするぞ！」

「そうはいったって、解散は総理大臣の専権事項です」

二人の田中は激しく応酬した。田中角栄の方は了承しなかった。

ところが、二十六日の朝刊は一斉に〝ダブル選挙〟の方向への大々的記事である。新聞が走り出したいま、これを早急にくいとめないと、流れが決まってしまう恐れもあった。

中曽根は必死の気持ちになり、自ら田中のもとに電話を入れたが、やはり了解は得られなかった。

翌二十七日夕刻、中曽根は極秘に田中邸へ官房副長官藤波孝生を差し向けた。

「ダブル選挙は回避して、またの機会を求めたい。そのむねよく事情を報告して了承してもらってくれ」

「わかりました」

藤波は緊張しきった表情で、田中を訪ねていった。

この時、中曽根が使者として官房長官後藤田を用いず、藤波を差し向けたのはそれなりの理由もあった。

後藤田では同じ田中派であり、党内からなにかを勘ぐられるかもしれない。しかも、田中説得を後藤田ができるかどうか……。

その点、藤波は貫禄はとても及ばないが、かねてダブル選挙反対論者であったところから、中曽根は差し向けたのだ。

官房副長官・藤波孝生

「ダブル選挙にメリットは一つもない。私のみる限り、首相官邸の辞書には〝解散〟の二文字はありません」

藤波は、党内外にかねがねそうも語り、中曽根に対しても〝ダブル選挙〟回避を強く進言してきていた。だから、藤波ならば選挙回避の事情と気持ちをじゅんじゅんと説明してもらえると、中曽根は思ったのである。

「なにっ、藤波がきたって……。あれは副長官ではないか。あんなチンピラをよこすのか」

田中は、怒りまくっていた。藤波に対し怒っているだけでなく、中曽根のやり方に対して怒っているのだ。田中は藤波に顔を合わせたものの、その説明にろくろく耳を傾けようとはしなかった。

中曽根は、〝ダブル選挙〟回避を田中に伝える一方で、後藤田にもそのむねを知らせた。田中(六)、後藤田、藤波を通じて野党側にも非公式連絡をとり、内閣不信任案提出はしないように働きかけた。

自民党幹事長の二階堂への連絡は、一歩遅れたようすであった。

しかし、中曽根の意向が政府、党の幹部に伝えられたことによって、四月二十七日には一転して新聞の報道も「同日選挙見送り」と報じられるようになっていた。

「なんということだ。中曽根は……。アイツは信用できん」

田中はいまがっくりきていた。周囲に向かっては〝中曽根〟といまや呼び捨てであった。

「なんということか……。あのバカ野郎……」

田中はオールドパーをあおりながら、「オーッ」と声を上げながら泣いた。だれが見ていようと気にもしなかった。文字通り《闇将軍が落とした悔し涙》の瞬間であった。

田中にすれば、昨年末来、進めてきたすべての準備がここでいったんはご破算になってしまう。つい先日も田中は若手議員を事務所に呼ぶと、五百万円ずつ渡したなどとも伝えられていたのだ。しかも一方で、〝ダブル選挙〟にもっていくために、田中サイドからは公明党筋に対し、内閣不信任案を提出するよう秘かに働きかけがあったともいうのだ。

田中の怒りは、中曽根に対して、ミサイルを発射しかねないほどの勢いだった。とくに、田中が中曽根に対して不快感を抱いたのは、〝ダブル選挙〟回避のうしろに実のところ、反主流福田の存在を感じとっていたからであった。

田中は、こんな極秘情報を耳にしていた――。

というのは、四月二十五日夜、中曽根は「吉兆」で福田、徳永衆参両院議長と会談したが、実際はその間に、別室で五十分近く元首相福田赳夫とも極秘会談をしたというのだ。

「いま、ダブル選挙をやって、衆参両院で敗れたらどういうことになるか。時期をみるべきだ。しかし、参院選挙だけなら、これに多少敗れても、わが方は総理の責任を問うようなことはしないよ」

福田は極秘会談の席上で、中曽根にそんな〝密約〟をかわしたというのだ。中曽根はその福田の発言に強く引きずられた。田中は中曽根─福田会談のもようをもれ聞くと、余計に腹が立った。

〝ダブル選挙〟問題をはじめ、官邸の中曽根と目白の田中との間で、日ごろなにかと非公式の連絡に立っていたのは、無所属の佐藤孝行であったが、佐藤も今度は手ひどい恥をかいた立場だった。というのも、佐藤は、

「官邸が〝ダブル選挙〟を考えているのは間違いありません」

と、田中に対し終始報告してきていたからである。田中は、そんな佐藤の連絡もあって中曽根のことを信用していたのだが、最後の最後で突き放されてしまったのだ。

しかし、憲法上、解散権は総理大臣にあるのであって、目白の田中にあるわけではない。中曽根が決めた以上、田中はどうしようもない。中曽根に怒りを感じてみたところで、中曽根を政権の座から追放するわけにもいかない。

中曽根は、ＡＳＥＡＮ訪問出発を前に、天皇誕生日の四月二十九日午後、自ら再び田中に電話を入れて、出発の挨拶をすると共に、解散先送り以後の政局運営について協力を求めた。

「君が決めた以上、最終判断は了承するよ。君が一国の総理だからな……」

田中は力なく答えていた。

「さあ、そうなればあとは参院選だけだ。これは全党を挙げてやらなければ勝てないよ。私の方も協力するが……」

「そうですか。それはありがとうございます」

電話口の向こうの中曽根の声は、ホッとしたような安心の響きに包まれていた。

田中の本心は、衆参同日選挙でないと、夏の参院選にも不安があるということだったが、あす東南アジアへ向かう中曽根を前に、さすがにそこまでいうのは、はばかられたのだ。

「まあ、しかし基本は解散、総選挙は早い方がいい」

「ええ、私もそう考えています。あるいはこの夏にも……。あるいは、秋早々にも国会を開くようなことがあれば……」

中曽根は場合によっては、八月か九月ころの解散とも受けとれるような感触をにおわせていた。それによって、早期解散論者の田中の怒りを少しでも柔らげようというわけだった。両者の関係は、まるで白刃の上を渡るように緊張にみちみちていた。しかも、お互いに役者でもあった。どちらがタヌキで、どちらがキツネなのか……。

逆襲への決意

しかし、田中の怒りは一応は収まるかたちだったものの、なお承服していないのは田中派議員の面々である。彼らはもう本当に〝ダブル選挙〟だと信じて走り出してしまっていたからである。

〝ダブル選挙〟回避が決定的となった四月二十八日午前に、自民党本部四階の幹事長室には、田中派の金丸信、小沢辰男、小沢一郎らが血相をかえて詰めかけていた。金丸らは、二階堂に対し口々に詰めよった。

「二階堂サン、こんなことでいいのか。あくまでダブル選挙でということだったじゃないのか」

「こんなことで幹事長がつとまるのか！」

二階堂は、黙念と葉巻をくゆらせながら、金丸らの発言をじっと聞いていた。しばらくして、田中派議員たちの激昂が一段落したのをみると、二階堂は初めて口を開いた。

「君たちがいいたいのはそれだけか。終わったのなら、ここから出ていってくれ！」

その時の二階堂の目つきはタカのように光り、火をふくような口調でもあった。金丸たちが室外へ去るのを見届けると、二階堂は、直ちに首相官邸の官房長官後藤田のところに電話をかけた。

二階堂進

「君は事前に知っていたのか、知らなかったのか……」

「…………」

「知っていたのか知らなかったのか、どっちなんだ」

後藤田の返事が不得要領であるのを知ると、二階堂はまるでぶっつけるように、ガチャーンと電話を切った。金丸たちが指摘するまでもなく、二階堂自身も今度のことではまったく不愉快だったのである。だれよりも、二階堂自身が中曽根に対して不愉快さを感じていたのだった。

二階堂は、四月二十六日午後、首相官邸で中曽根と約三十分間、解散問題を中心に会談した。その時は、二階堂は、

「ダブル選挙の方がいいと思うが、最終的には総理が判断すべきことだ」

とゲタを中曽根へ預けた。これに対し、中曽根はいま一つ判断を迷っているふうに受けとられたのである。ところが、実際にはその時、中曽根はすでに〝ダブル選挙〟回避のハラを決めていた。

二階堂はこのことが、いまになってカチンときた。後藤田に乱暴な電話をかけたのは、中曽根への怒りをかわりにぶっつけたようなものであった。

のちに、五十九年秋、二階堂擁立工作のもとに、二階堂が中曽根批判に立ち上がるのは、すでにこのころの経緯に遠因がある。

田中派議員たちの気持ちは収まらず、なお余震は続いた。

四月二十八日夜、小沢辰男らの幹部は、

「同日選挙でなければ、参院選には勝てない」

「同日選挙は派閥次元のことではなく、党のためだ。参院選単独でやり負けたら、うちに責任をとれというのか」

となお憤激の声を上げていた。というのは幹事長二階堂の他に、田中派は選挙事務担当者とし

て総務局長小沢一郎を党役員に送り込んでいるためでもあった。

「幹事長や総務局長を引き揚げさせよ」

「そうだ、そうだ、後藤田官房長官も引き揚げよう」

そうした強硬論まで出るほどだった。

だが、こういう時、政治家田中角栄の方向転換もまた素早いものだった。

「解散権は田中派が持っているわけではない。大権を持つ総理が決断をしたのならやむを得ないじゃないか。田中派は時の政権に反対したことはないんだからな」

田中は、派内の怒りをむしろなだめに回った。田中自身、冷静に検討してみると、いつまでも〝ダブル選挙〟回避に抵抗していては、自民党内で田中派だけが孤立するのを恐れたのである。

それでもなお、田中派には、五月二十六日に終了予定の通常国会を会期延長して早期解散のチャンスを求めていこうとの声がうず巻いていた。

一方、〝ダブル選挙〟回避に内心ホッとし、またその決断を高く評価したのは、中曽根派の議員たちだった。実のところ、中曽根派の議員たちは、ハラハラのし通しだった。田中派と反主流派の綱引きの間にはさまれて、いったいどうなることかと、かたずをのむように見守ってきたのだ。

中曽根派会長の桜内義雄、宇野宗佑、倉成正、中尾栄一らは、その本心は〝ダブル選挙〟反対であった。そこで、次々に首相官邸の中曽根を訪ねて、取材かたがた自説をぶってきたのだが、中曽根はいつもいつも、

「わかったよ。あとは私に任せてくれ」

と答えるのみで、本音をあかさない。いらいらはつのるばかりだったのである。

「ダブル選挙で勝てると思っていたら大間違いだよ。北海道、福岡両知事選の敗北はやはり重く受けとめなければいかん」

全国組織委員長の中尾などは、こう公言するほどであった。苦心に苦心をし、そして我慢も重ねて作った中曽根政権なのに、もし総選挙で敗れたらどうなるか。わずか半年余で中曽根政権の寿命はつきてしまうではないか。

「オレたちは、政権をとってまだその恩恵にあずかっていないからなあ。いまここでそう簡単に〝宝〟の山を放せるか」

桜内たちは、口々にそう話し合ってもいたのである。

それが自分たちの思っていた通り、中曽根は〝ダブル選挙〟回避に決断したのである。中曽根派議員たちにとっては、これがホッとした喜びでないわけがなかった。

「いやあ、総理はよく決断した」

「これでいよいよ、田中離れの始まりですよ。田中に鼻面を引きずり回されてばかりいてはかなわんからなあ」

中曽根派議員たちからは、率直な感想がせきをきったように、ほとばしり出た。

昨年来、内閣が発足した時には、田中派にハイジャックされたような状況だったのが、ここで一矢をむくいた思いだったのである。

「中曽根サンはしたたかだ。今度のことは〝田中殺し〟戦略の第一歩ですよ。次の勝負はロッキード判決のあとにくる。それまでじわじわと田中を押しまくることになりますよ」

なかには、こんな鋭さをこめた分析を披露した議員もあったほどである。中曽根派内の中曽根に対する評価は、ここで一気にガラリとかわってしまったのだ。

「父帰る、ということでしょうかなあ」

そういって、心から愉快そうに笑う幹部もあった。

中曽根は確かにしたたかに、〝ダブル選挙〟政局を乗り切ったのだ。自らの生き残り戦略のためには、あえて田中の逆鱗にふれる危険も辞さなかった。

四月三十日午前十時、中曽根はなにごともなかったような明るい表情で、夫人蔦子、外相安倍、官房副長官藤波らを伴い、ASEAN五ヵ国訪問に旅立っていった。

特別機が発つ羽田空港には、二階堂は息子の結婚式のために、また後藤田は鳥取遊説のためということで姿を見せなかった。

このASEAN訪問も終わりに近づいた五月九日のこと、中曽根はマレーシアのクアラルンプールで、またしても解散問題について発言していた。

「八月前に解散はない。八月以降はわからない」

と同行記者団に語ったのであった。これは、田中派がいまの国会を会期延長してなおまだ早期解散の可能性を残そうとする意図を、頭から否定したものであった。中曽根は、田中や田中派がなおかつ期待しているものがあるとするなら、その芽を完全に絶ってしまったのだ。

「中曽根とオレの話では、八月という言葉は一切口外しないという約束だったのに……。なぜあいつはしゃべってしまったんだ」

目白邸で田中は改めて怒りに身を震わしていた。中曽根発言によって〝ダブル選挙〟どころか、夏ごろまでの早期解散のチャンスをすべてつみとられてしまったからである。

それから二日後の五月十一日、田中のロッキード事件公判は、最終弁論に入っていた。

午後五時すぎ、閉廷が宣せられると、田中は東京地裁から東京・芝の東京プリンスホテルへ直行した。田中派参院議員山東昭子の「四十一歳を祝う会」に出席するためだった。

SPに守られ、真っ先に壇上に上がった田中は、十五分間にわたって挨拶を述べた。

「私は昭和二十二年に二十八歳で代議士になった。いま六十五歳である。初当選のころ私は五十歳になったら議員を辞めると公約した。しかし当時は平均寿命が四十九歳だったからだ。ところがいまは平均寿命は七十三歳だ。となれば、田中角栄は辞めるわけにはいかない」

「まあそれにしても私は大根おろしでゴシゴシこすられている。皆さんがいくら苦労しているといっても、田中角栄の苦労には及ばないでしょう」

田中はダミ声を一段と張り上げ、会場をうめつくした人たちの笑いをさそった。

田中は、〝ダブル選挙〟回避による手痛い打撃にもめげずに、再び新たなる戦いに乗り出す決意だった。

第Ⅲ章　荒れ狂う目白邸の夜

岸元首相の説得

五十八年十月十二日、ロッキード公判一審判決の日。全国の人たちの目は、東京地裁と目白邸に集まっていた。元首相田中角栄に、懲役四年、追徴金五億円の有罪判決――午前十時きっかりに始まった判決公判は、ただちに判決言い渡しに入っていた。田中を皮切りに、榎本敏夫懲役一年・執行猶予三年、檜山広懲役二年六ヵ月、伊藤宏懲役二年、大久保利春懲役二年・執行猶予四年……。

裁判の結果は、田中と丸紅側の完敗だった。保釈の手続きを終えて、田中が目白邸へ帰り着いたのは午後二時二十三分である。

元首相田中角栄を乗せた濃紺のクライスラーが猛スピードで邸内にすべり込むと、玄関には田中派の議員たち十数人が出迎えていた。

紺の背広にグレーとブルーのネクタイ。田中はその服装のままで、一番奥のホール（特設応接室）へ通り抜けた。小沢辰男、田村元、山下元利らホールに詰めかけていた六、七十人からいっせいに拍手がまき起こった。

ホールの折りたたみイスに座り、ひと息入れると、田中は早くも口を切った。

「心配をかけた。判決は、とても承服できるものではない。最後まで戦わねばならん。死んでもやる……。

オレのことをいろいろいう奴がいるが、オレは絶対に辞めない。だれが何を言っているか、オレは全部調べて知っている。それを全部ぶちまけても戦う……。

総理・総裁に適任なのは自分しかないと思っている奴がいる！　アホーッ、そんなことで総裁は務まらん、生意気いうな。総理・総裁なんて帽子なんだ……」

田中は興奮しきった口調で、二十分近くも一方的にぶちまくった。田中は強気そのものだった。ひるむ気持ちはこれっぽっちも見せなかった。

夕刻、事務所から母屋に移ったあともしばらくは田中の気持ちは収まらなかった。

「くだらん、こんなの判決じゃない。七年もかけて何してたんだ」

田中の口をついて出てくるのは、一つに先刻の判決言い渡しへの憤懣だった。《荒れ狂う目白邸の夜》は、田中がフロに入り、家族と夕食をすませたあと、やっと静けさをとり戻したのである。

それにしても「オレは辞めない」「総理・総裁に適任なのは自分しかないと思っている奴がい

83年10月12日、一審で有罪判決を受けて法廷を出る角栄

る」などと、田中がものすごい形相で怒号したのは、なにを意味しているのだろうか。

これは一つに総理中曽根に対する、やり場のないような怒りをぶっつけているのだ。自分が総理・総裁に押し上げた中曽根が、裁判のことについては何もやってくれない。それどころか、中曽根は公判の推移と結果を冷静に見詰めているだけである。といって、田中は、中曽根を表面立って非難攻撃するわけにもいかない。そのいらいらが、身内の田中派議員たちを前に、「総理・総裁なんて帽子なんだ」との言葉になって爆発したのだった。とくに、「オレは辞めない」と田中が力を入れて主張したことにも、この夏以来の深いわけがあった。

というのは、一審有罪判決のあと、田中が議員を辞職するのかどうか、世間の目は早くからまさしくこの一点に集中していたのである。一審判決の日どりが十月十二日に決められたのは、六月二十七日、参院選投票が終わった直後であったが、そのころから一審有罪判決を前提として、田中の議員辞職問題が政局の動向とかかわるものとして重視されていたのであった。

とくに、重大関心を払っていたのが、首相中曽根である。

その年の夏、中曽根は軽井沢の故元首相佐藤の別邸で静養を続けていた。訪ねてくる政界人との間では当然に、田中の議員辞職問題が話題となった。

「かりに一審有罪判決でも万に一つ、田中さんは辞めることはないと思いますよ」

「ウーン、そうだろうか……」

「そしてまた、一審有罪でも田中派は千に一つ割れることはないでしょう」

「ウーン、ウーン」

中曽根は沈思黙考、ただただ田中と田中派についての情勢報告に耳を傾けるのみだった。しかし、中曽根は明らかに不満だった。心中では、田中が一審有罪判決ならば辞めてくれることを心から欲していたのである。

(オレがいまは総理なんだ。オレの立場にも配慮してくれてもいいではないか)

中曽根の率直な気持ちはそういうことであった。田中が議員を辞めれば、〝重し〟も外れる。その上で中曽根が総選挙に臨み、勝利を得るならば長期政権への展望も生まれてこよう。中曽根にとっては、田中のことよりもやはり自分のことの方がだいじだった。

八月末、読売新聞の世論調査では、支持四二・七%、不支持三七・一%と、内閣支持率ははね上がっている。これは一つには、田中主導の〝ダブル選挙〟をあくまで蹴っとばしたのが、世論の支持を得たのだと、中曽根は考えていた。

「角さんは育ちが悪い。百姓の小倅じゃないか」

中曽根がある時、こういったという風評も田中サイドには伝わってきた。中曽根の気持ちや考え方は、敏感に目白の田中にはすぐに伝わるものなのだ。田中は不快感を強め、不信感をましていた。

「オレは辞めない」――田中は意固地でさえあった。だから、判決の日の十月十二日夕、秘書早坂茂三を通じて発表された「田中所感」は、次のように開き直りにも等しい、激越な調子にみちみちていたのである。

「本日の東京地裁判決は極めて遺憾である。私は総理大臣の職にあったものとして、その名誉と権威を守り抜くために、今後も不退転の決意で闘い抜く。

私は生ある限り、国民の支持と理解のある限り、国会議員としての職責遂行に、この後も微力をつくしたい。

私は根拠のない憶測や無責任な評論によって真実の主張を阻もうとする風潮を憂うる。わが国の民主主義を守り、再び政治の暗黒を招かないためにも、一歩も引くことなく前進を続ける」

この「田中所感」に対しては、世間の批判はきわめて厳しかった。その風当たりを恐れて、中曽根側から田中サイドへの働きかけや打診は、このあとも様々なかたちで続けられてゆく。

渡辺美智雄が使者に立ったし、政調会長田中六助が、ライトバンの荷台に隠れて秘かに目白邸を訪れたりした。

文相瀬戸山三男は、〝真友〟田中に対して辞職を勧める書簡を出したが、田中からの返事はなかった。

田中はこのころ、色紙を頼まれるとしばしば「櫛風沐雨《しっぷうもくう》」と書いた。中国の古典、晋書からとった言葉で、風に髪をくしけずり、雨に体を洗うという意味。風雨にさらされ苦労に苦労を重ねてかまわんという自らの心境を示したものだった。

一審判決を十日ほどあとに控えていた十月三日午後のことだが、田中は、私邸で突然胸苦しさを訴え、救急車を呼ぶという大騒ぎになった。五十六年一月の時に続いて二回目である。

しかし、この時は一過性の高血圧症状と診断され、私邸内で安静にするだけで回復した。だが、田中の健康にはこのころすでに不安が出てきていた。

翌日、幹事長二階堂が田中を見舞うと、田中は、

「目の前が真っ暗になって、意識がなくなりそうになった。一時は死ぬかと思ったが、神様はオレを見放さなかった」

と語った。そして、「もう大丈夫だ。心配はいらない」といい、議員辞職問題については「相手にしない」とまったく応じる気配もなかった。

元首相岸信介が、突如として田中邸を訪れたのは、十月二十八日午前八時すぎのことであった。政調会長・田中六助の事前工作によるものであった。

政界の最長老として、岸の不安は、田中問題を起点とする保守政治の崩壊であった。

「条理を尽くして辞めてもらう以外に事態を収拾するのは難しい。私の内閣の時に、田中君を最

初に大臣（郵政相）に起用したわけで、田中君も私には悪い感情を持っていないだろう。わかってもらえるはずだ」

岸は事前に周辺にこう語っていた。岸と田中の会談は約五十分間にわたった。

この時、田中は、岸の説得に、もう一歩のところまで落ちかかったのである。

「孫が学校に行きたくないというんですよ」

田中は岸にこういって涙ぐんだ。田中は「私の辞職問題がいろいろ取り沙汰されているのはよく知っているが……」といいかけて、あとはぐっと言葉をのんだ。

結局、最後のところで田中は、岸の説得に対しても拒否姿勢を貫いたのだった。

田中・中曽根会談の中身

この間、判決が出た翌日からは、国会の審議は完全にストップしていた。野党側は田中議員辞職勧告決議案の処理がなされぬ限りは、一切の審議に応じられないというのだった。

この年の臨時国会は、九月八日に召集され、会期は、十一月十六日までの七十日間と決められていた。

前の通常国会から国家行政組織改正法案が積み残しになっており、これに総務庁設置法案などを加えて行革関連六法案の処理が、国会審議の中心課題だった。

六法案を一括審議するため、衆参両院には行政改革特別委員会が設けられ、委員長には衆院が金丸信、参院は玉置和郎が当たっていた。

行革六法案は、一審判決前日の十月十一日に衆院を通過したが、問題は判決が出たあと参院の審議が全然進まないことだった。

しかし、田中があくまで辞めないといっている以上、局面打開の見通しはまるでなかった。ここに至っては、与野党を通じてもはや解散、総選挙によって国民の信を問うしかないとする主張が有力になっていった。

田中はまた別の立場から、解散、総選挙の断行論者だった。

「こうなったら選挙だ。選挙によって有権者の支持を得れば文句はないだろう。それがミソギだ」

田中は、あくまで強気の路線を貫いていた。これに対して、中曽根はどう対処するのか。田中問題に対して、政治の最高指導者である中曽根はどういうケジメをつけるつもりなのか。政界に限らず、国民のひとりひとりがじっと注目していた。

それまで腰が重かった中曽根は、やっと自ら田中と直接会談することを決意した。中に入っておぜん立てを整えたのは、幹事長二階堂進と官房長官後藤田正晴である。

この時、二階堂は中曽根が動く前に、自分なりの行動をしてみようかと思ったこともあった。

「田中さん、ここはいったん辞めなさい。あなたが辞めるというなら、私も議員を辞めます」

二階堂はそういうつもりで、自分の辞表を胸のポケットに収めていた。田中派の若手、中堅議員の間にも、田中に対するそれとない批判があることを、二階堂は承知していた。

「オレに任せてくれるなら、オレも重大決意で臨むつもりだ」

二階堂は、幹事長室を訪ねてきた田中派議員に、そう語りかけていた。しかし、行動を起こそうとするその寸前に、中曽根が、

「私に任せて下さい。政治生命をかけて田中さんと話すつもりだ。友人として会う。理をもって話すということもあるが、私は友情をもって話したい」

と強くいい始めたので、二階堂もすべてを中曽根に託することにしたのだった。

元首相岸信介が田中邸を訪ねた十月二十八日のその日の午後三時から、ホテルオークラのスイートルームで、田中と中曽根は会談した。余人をまじえず二人だけの話し合いだった。会談は一時間四十分にもわたった。

「その後、健康には変わりはないですか。この間の救急車騒ぎには心配していたが……」

「いや、あの時は立派な花をありがとう。この通り元気でいるよ……」

「お互い、昭和二十二年の総選挙で初当選して以来この方、いろんなことがあった。しかし、昔も今も同期生としての友情にはかわりはないよ」

「そうか、そうか、ありがとう。まあ、この間の一審判決については、党や国民に迷惑をかけた」

「お互い、この難局の中で自重していかねばね……」

「ウンウン、オレも今後、自重自戒していくよ」

中曽根の方が多弁に語りかけるのに対して、田中も率直な返事をくり返していた。二人の前の卓上にはコーヒーと水が置いてある程度で田中も中曽根も軽くそれに口をふれるだけだった。

二人の間では、田中がかつてソ連のフルシチョフに会った時の昔話などを持ち出したりして、ひとしきり懐旧談に話がはずんだ。

「ところでなあ、この事態打開は年内解散、総選挙しかないと思うよ。君はどうするんだ」

と、田中が核心のところにふれてきた。中曽根は、

「国会の事態は、私も本当に心配しているんだ。解散、総選挙によってわが党が勝てるかどうかだ。私はそのことを気づかっている。選挙後のことが気がかりなんだ」

「なにをいうか、心配するな。どんなことが起ころうともオレは君を支持していくよ」

「本当か、間違いないな。それはありがとう」

田中と中曽根は、肩を近づけ、がっちりと握手をかわしていた。感きわまるように、中曽根の目から涙がこぼれ落ちた。田中もさっきからハンカチをとり出し、しきりに目頭をぬぐっていた。お互い外に対してはこの約束ごとを一切もらす必要もなかったが、互いの心のうちは通いあうことをいまここに認識しあったのだった。

中曽根は田中に対して赤裸々に「君は辞めよ」ということもなかったし、田中の方も田中の方で、その話題だけは避けたのだった。とくに、田中の場合、中曽根に対するもう一つの信頼感を欠く思いがあったが、といって中曽根を除外して、それ以上に自分にとって望ましい政権が当面あるわけでもなかった。田中は自分も辞めないかわり、中曽根の政権の継続をも確認したのである。

会談を終えて、ホテルのスイートルームを出てくる時、二人の表情はともにこわばっていた。

ついさっき互いに肩を擁するように落涙したさまを、記者団などに気どられてはまずいと感じていたからだった。

一審有罪判決以後、田中と中曽根と両者にとってはこれがケジメだったのである。あとはもう一筋道で早い機会の解散、総選挙に臨むのみだった。

だから、中曽根は田中との会談のあと、二階堂ら党四役に説明する時も多くを語らず、

「これで事態をなんとか収拾してほしい」

と頭を下げるのみだった。

記者団に対しても、後藤田を通じて、

「懇談では互いに政党人として、現在の重大な時局において真剣に意見を述べあうと共に、私は一人の友人としてできうる限りの助言を行なった」

との談話を発表しただけだった。

一方の田中の方も、

「時局重大の折から、私も自重自戒、国民各位のご期待に応えるべく全力を尽くしてまいります」

とごく簡単な談話を発表しただけだったのである。

満天下注目の二人だけの会談は、なんのことやらさっぱりわからない。しかし、このことによってなんということなく、政局は動いてゆく。政界とはそういう奇妙不可思議な世界なのである。

国会では、行革関連法案と共に、一兆円規模の減税二法案の扱いも焦点の一つであったが、田中—中曽根会談が終わった直後の二十八日夕、衆院の山村新治郎議運委員長は、全野党欠席のまま委員会を開き、減税法案を大蔵、地方行政両委員会に付託するよう単独採決でケリをつけていた。

もはや解散、総選挙への流れが日ましに強まってゆく状態のもとで、田中は十月三十一日、改めて「所懐」なる一文を発表した。

この中では「六年半余りにおよぶ長い間、国民皆さまをおさわがせし、ご迷惑をおかけしていることは申し訳なく、深くおわびをいたします」とまず低姿勢の調子で始めている。これは、判決直後の「所感」がすこぶる不評であったのに対し、党内外の批判をかわそうとするねらいでもあった。

しかし、田中は「所懐」の最後の部分で、

「私は政治家として満三十六年の間、戦いに敗れた祖国の再建と繁栄、明治いらい恵まれることの少なかった郷土・新潟県の発展のため、いささか微力をいたしてまいりました。私の一身を国家、国民にささげつくす私の信念は、今後も変わることはありません」

と、いい切っていた。これは、近づいた総選挙に対し、田中が再び戦いに戦うという、明らかな意思表明であった。

この間、国会はなお審議ストップが続いている。中曽根は最後の最後まで解散、総選挙の判断を渋る姿勢をとり続ける。できれば年内を避けて、翌年一月に持ち込もうというハラだった。これは中曽根が心から総選挙による敗戦を恐れていることもあったが、やはりこの場合も対世間的に田中主導による総選挙であるとの印象を少しでも薄めたいと考えているからであった。

最後は、幹事長二階堂とそれを助けて田中派の実力者金丸信の登場であった。

「総理、年内解散、総選挙を野党側に約束しない限り、国会は絶対に動きませんぞ。ここは黙って私たちに任せなさい」

金丸は、中曽根に向かうとそういった。中曽根も行革法案、減税法案の処理を考えると、金丸の進言に従わざるを得なかった。

「そのかわり全部ですよ。全部の法案を成立させてもらうことが前提ですよ」

と、中曽根はいった。

こうして国会は十一月二十八日まで会期延長されたあと、自民党は新自由クラブの出席を得ただけで、重要法案を次々と成立させていった。他の野党は解散、総選挙の約束を前提にこれを黙認したのだ。

この間、米大統領レーガン（十一月九日—十二日）、中国共産党総書記胡耀邦ら要人の訪日が相次ぎ、中曽根はその応接に追われていた。

国会最終日を迎え、衆院は十一月二十八日、野党共同提出の内閣不信任案を受けるかたちでついに解散された。

選挙日程は十二月三日公示、同十八日投票である。文字通り「田中解散」によるロッキード総選挙であった。

「田中解散」――総選挙の敗北

第三十七回衆院総選挙投票日当日の十二月十八日、日本列島は一部を除き、がいして好天に恵まれた。

にもかかわらず、全国平均の投票率は六七・九四％。戦後最低であった。前回、五十五年六月のダブル選挙の時の七四・五七％とくらべれば、六ポイント以上も悪かった。「田中解散、総選挙」への国民の批判は、まずこんなところに出てきた。

しかし、その夜、開票が進むにつれ、目白邸では田中がひとり悦に入っていた。

新潟三区での田中票は、開票の最初からぐんぐんと伸びていったからである。最終の確定票は二十二万七百六十一票。得票率四六・六五％ということは、投票者の二人に一人が「田中」と書いたということであった。

田中にとっては十五回目の当選であったが、首相在任中の四十七年総選挙の時の十八万二千六百八十一票をもはるかに上回っている。

わが国の選挙史上では、四十七年、マンモス選挙区の大阪三区で村上弘（共産）が二十二万九百七十票を獲得したことがあるが、この最高記録にわずか二百九票及ばなかった。

「これが世論の結論だよ。わが生涯の最高の日だ」

田中は、ウイスキーをぐいぐいとやりながら、祝い客たちに向かって誇らしげに語った。

「ワシは、自分じゃ二十二万一千票ぐらいと思っていたが、それとたった三百票しか違わなかった」

田中は自分の予測がピタリと的中して、とにかく得意満面だったのである。

選挙戦が始まる前、田中は「自重自戒」の談話を発表したことでもあり、あるいは選挙運動期間中は地元に帰らないのではとみる向きもあった。しかし、作家野坂昭如が参院から転じて出馬することにしたこともあってか、田中はみえも外聞もかなぐり捨てて、選挙運動に没頭した。公示の日に選挙区入りして、出陣式に臨んだあと、連日選挙区内の全市町村を走り回り、期間中、計三十二回の個人演説会に顔を出したのである。移動の途中、雪が降りかかるのを田中は、ものともしなかった。

田中にすれば、その成果が新潟三区内三十三の全市町村で第一位の得票となって現われ、いま満足の表情を隠し得ないのだった。

しかし、一将功成りて万骨枯る——。新潟三区の田中は別として、全国の各選挙区では自民党候補の敗戦が次々と伝えられていた。

現職閣僚でも瀬戸山文相、大野労相、谷川防衛庁長官と三人の落選が伝えられていた。

しかし、田中は、

「オレがダブル選挙をやれといったのに、やらなかったからこんなことになるんだ」

と意にも介さぬ態度だった。

翌十二月十九日、翌日開票の分も終わって、自民党の惨敗はすでに確定していた。自民党は公認候補の当選者は二百五十議席であり、あわてて追加公認九人を加えて、ようやく過半数を越す始末だった。

目白の田中を訪ねた金丸信は、まず田中にクギを刺しておかねばならぬと思って遠慮なくいった。

「オヤジさん、二十二万票の大量得票とは……。本当におめでとうございます。だがねえ、自民党にはたくさん落ちた人がいる。それを忘れないで下さいよ」

「ウン、わかった、わかった」

田中もさすがに金丸の指摘するところには耳を傾けざるを得ない。しかし、田中の本心は、自民党の敗戦にさしてこたえてもいないのだ。

選挙の大勢が決まって、中曽根からも電話がかかってきた。

「二十二万票おめでとうございます。しかし自民党はご覧の通りの状況です。残念至極です」

「まあそう心配しなさんな。支援は惜しまないから……。こういう時は、じっくり腰を据えていた方がいい」

「そうですね、よくわかりました」

「野党や非主流が変な動きをしたら、また解散すりゃいいんだ。来年六月の解散だ。そうなったら、この次は絶対に勝つ」

こともなげに強気の弁を述べる田中に対して、中曽根はなかばあきれるように電話を切っていた。政権担当者として、敗戦を踏まえなお自らの政権を継続していくには、田中のいうように強気一点張りで直線的に片づけるわけにはいかないのだ。

中曽根の苦悩は深い。田中の支持はもちろん重要だが、田中のことで選挙の敗戦を招いた以上、田中離れを策してゆかねばならない。ここは、田中抜きで政局の収拾策に乗り出さねばならない。

中曽根は、ここで政調会長田中六助に委細を託することにした。中曽根は自分が政権を得て、政調会長に田中を用いて以後、政局に臨む田中の判断力と行動力を高く評価するようになっていた。

田中（六）は目白の田中とも関係はよく、彼に任しておけば、自然と目白ともパイプは通ずる。幹事長二階堂は、中曽根にとっていささか煙たいが、田中六助なら中曽根は安心して任せることができたのである。

こうして、選挙後の政局収拾について、今度ばかりは、目白の田中は、だいたいカヤの外に置かれることになった。

一方、政調会長田中の動きは素早かった。政界はまさしく先んずれば人を制すである。田中（六）は中曽根とも連絡をとったあと、十二月十八日夜、早くも行動を開始していた。

東京・平河町の相互第十ビル四階にある、新自由クラブの党本部——。幹事長の山口敏夫は一室でテレビの開票速報を見ていた。夜十一時近く、そこへ一本の電話がかかってきたのである。

職員から電話を手渡されて、山口が電話に出てみると、声の主は自民党政調会長田中六助だった。

「山口さん、ご覧のような結果だ。自民党は大敗だ。ひとつ、今後の政局運営に協力してもらえないか。そのことで相談いたしたい。これから会いたいんだが……」

野太い声でボソボソと、しかし真剣そのものの口調で田中は語りかけていた。

「エエッ、なんですって六さん。まあなんと気の早いことですか……。そういったって、私の方はまだ福島一区の石原健太郎君一人しか当選していないんですよ。すべてはあすの翌日開票結果を見てからのことですよ」

山口は苦笑しながら、さりげなく静かに電話を切った。開票当夜のことだから、新自由クラブ党本部の中には、新聞、テレビの記者たちも多数詰めかけている。田中（六）にとって、いや山口にとっても絶対に気づかれてはならない電話の内容だった。

開票の最終結果を踏まえて、田中（六）と山口の本格的接触が始まったのは、十二月二十日午後からである。自民党は追加公認を加えても二百五十九議席だったから、山口ら新自由クラブの八議席が絶対の重みを持っていた。衆院予算委員会など各委員会で与野党逆転を避けるためには、二百六十二議席が必要であり、それにはどうしても新自由クラブとの協力関係が求められる。

ホテルオークラ七階のデラックスルーム。政調会長田中は、そこを極秘の連絡先とし、山口を招じ入れた。

「山口さん、どうかお願いする。この際、復党してもらえないだろうか。このとおりだ、頼む」

「復党？　でもねえ、選挙結果がこうなった以上、そうはいかんと思いますよ。私たちは連立という考え方なんですよ」

山口は、きっぱりと田中に対して要求を切り出した。

「三つ条件があります。第一はあくまで連立だということ。第二は閣内協力だ。閣僚ポスト二つといってもそれは無理でしょうから一ポストを……。そして第三は、田中問題になんらかのケジメをつけるということです」

「そうか、そうか、連立ということか。いやそれならそれでけっこうだ。私はさっそく中曽根総理とよく相談しましょう」

と田中（六）はいって、胸をなで下ろすような表情をした。

自民党と新自由クラブとの連立工作のこれが始まりであった。しかし、田中（六）にしても山口にしてもこれが最初からそのまますんなりうまく進むと思っていたわけではない。

その前に、中曽根と田中（六）にすれば、まず自民党内で、総選挙敗戦の責任問題をクリアーし、引き続き中曽根政権の継続を承認してもらう必要があった。それがすまなくては、連立の話し合いも先には進めない。

総裁声明で中曽根続投

そこで、注目されたのが、十二月二十三日午後三時すぎから、自民党本部四階の総裁応接室で開かれた、最高顧問会議の動向であった。

自民党本部の四階は、エレベーターホールから右側が担当記者の詰める「平河クラブ」。左の廊下をゆくと、自動ドアーを抜けて右側に幹事長室、総裁室などが並ぶ。

総裁応接室は、左側の一番奥、二十平方メートルほどの会議用の部屋である。

中曽根は定刻より早目に党本部の地下で車を降り、幹部専用の小エレベーターで四階に直行するとすぐに総裁応接室に入った。最高顧問はまだだれ一人到着していなかった。

この部屋の壁面には、自民党の歴代総裁、つまり総理大臣でもあった人物の大きな写真が飾ってある。

初代の鳩山一郎から始まって、石橋湛山、岸信介、池田勇人、佐藤栄作、田中角栄、三木武夫、福田赳夫、大平正芳、鈴木善幸と以上十人。

中曽根自身も総裁を辞めれば、ここに写真が飾られる身である。

「もうそろそろ、いっぱいだなあ」

中曽根はしばらく壁面の写真を見やりながら、周囲に軽口をたたいた。緊張の会議が始まる前に示した、一瞬の余裕というものだった。

最高顧問会議には、総理・総裁経験者の岸、三木、福田、鈴木と議長経験者として安井謙、徳永正利の両元参院議長が出席、それに幹事長の二階堂が同席した。田中（角）だけは、自民党を離れているため、ここには出席できない。

顧問会議の席では、最初から予想されていた通り、まず元首相三木が口火を切った。

「中曽根総理がお詫びしてすむものではない。本来は総理・総裁として辞職を表明すべきものだ」

三木はむしろ会議を決裂にもってゆこうとして、このあとも何度か腰を浮かしかけた。三木の腹の中には、新自由クラブの田川誠一、河野洋平らと連携し、河本敏夫を首相候補に擁立しよう

三木武夫

とする秘かな作戦もあったからだった。現実に、田川や河野からは、三木や河本に対して具体的なアプローチもなされていたのだ。それは田中（六）―山口のルートとは、まったく別のねらいによるものだった。

しかし、三木の発言に対し、怒気もあらわに反論に立ったのは、幹事長二階堂だった。

「三木先生、そこまでいわれるのなら、あとはあなたがやられたらいかがですか。その決意がありますか」

この二階堂の発言に、出席者たちが、シーンと押し黙るのを待っていたかのように発言を求めたのは、総理中曽根だった。中曽根はポケットからやおらメモを取り出すと、

「総裁声明としてこういうものを出してはと思い、用意してきたのですが……」

といってメモの文章を読み始めた。これは事前に政調会長田中と周到にねったもので、危機回避策として用意してきたものである。田中（六）は事前にそれとなく出席者の中の岸らには根回し工作をすませており、中曽根を側面から助ける努力を惜しまなかった。

「今次選挙において多数の議席を失ったことにつき、総裁として責任を痛感しております。敗北の原因は、政治倫理への取り組みに

ついて、国民に不満を与えたことなどであったと考え、ついては党外の人の影響力を排除し……」

中曽根がそこまで読み上げた時、

「ちょっと待った」

口をはさんだのは、元首相福田赳夫だった。

「党外の人とはどういうことですか。生ぬるいじゃないか。田中氏とはっきり書いたらどうだ」

福田の主張に三木も同調する。この時に、岸が発言した。岸は中曽根総裁声明によって事態を収拾できると判断したのだ。それならあとは、声明の内容が問題となるだけである。かねて、事前に田中（六）が岸に吹き込んだシナリオが、ここに実現しようとしているわけであった。

「総裁声明を出すことで党内の結束がはかれるなら、私はそれでけっこうだよ。あとは文案の問題だろう。福田君たちでまとめてくれよ」

岸はそれだけいうと、安井、徳永とともにさっさと席を立ってしまった。あとに続いて三木も部屋を出ようとすると、二階堂がおしとどめた。

「三木先生、あなたもいっしょに検討に加わって下さい」

二階堂は、あくまで三木を足どめし、総裁声明作りの共同責任の中にまき込んでしまおうとしたのだ。

すでに時刻は午後四時半を過ぎていた。冬至（十二月二十二日）の翌日だけに、もうあたりはすっかり暗くなっていた。

結局、この時の岸発言によって、総裁声明を出して中曽根政権は継続ということに決まったのである。と同時に、田川や河野や、そして三木や河本派議員による河本擁立工作は、幻のままに消えることになったのである。

総裁応接室の中に残った中曽根、二階堂、そして福田、三木、鈴木はさらに一時間ほどかけて、総裁声明の内容を作り上げていった。

一、総裁として辞職に値する責任を痛感する。

二、敗北の最も大きな原因は、いわゆる田中問題のケジメが明確でなかったためである。

ついで、最初の案にあった、党外の人の影響力排除は、

「いわゆる田中氏の政治的影響を一切排除する」

と書き改められていた。田中角栄の側近中の側近、二階堂が、

「いいですよ。田中氏と固有名詞で書きましょう」

と自らペンで書き下したのだった。

「ホホウ」

と、福田や三木は驚くような表情で、二階堂の手元を見詰めていた。

そのころ、目白の田中は、なにごとも知らされていなかった。

「二階堂のヤツは、なにも教えてこない」

といらつきながらも、密室の中の協議に手の打ちようもなかった。

考えてみると、カヤの外の思いは田中にとってこれで二回目だった。最初は、中曽根政権誕生に至る前夜、やはり同じ総裁応接室の中で突如としてふってわいた、総理・総裁分離構想であった。

あの時は、福田総裁、中曽根総理という構想であったが、あれも二階堂が田中とは連絡なしに勝手に進めた構想であった。田中が激怒して、急ぎ中曽根に連絡をとり、総・総分離構想をつぶさせたものだったが、今度もまた二階堂は独走している。

しかし、冷静になって考えてみると、田中にとってもある程度の犠牲はやむを得ないことだった。今度の総選挙では、一審有罪判決が下りた直後の不利な条件の下で、自分はもちろん娘婿の田中直紀も初当選した。

しかも、田中派は解散時の衆院勢力六十五人を、この総選挙では二人減の六十三人と最小の目減りにくい止めたのである。鈴木派が解散時六十二議席から五十議席へ、福田派が、四十六議席から四十議席へなどと、それぞれ大幅に減ったのと比べるなら、田中派のダメージはむしろ少なすぎる方だった。

これ以上、他派のうらみをかってはならなかった。だから、田中にしてみれば、総裁声明の中で多少のきついことをいわれるぐらいは致し方ないことでもあった。

夜になって、目白台の私邸で田中は、親田中議員から総裁声明の内容をことこまかに知らされると「そうか。仕方ないよ。おしんだ。おしんの心境だ。しかし内閣ができてさえしまえば、こっちのもんじゃないか」

といい放っていた。

竹下登の監視役

確かに田中にとっては、なんとしても中曽根政権が継続することが至上課題だったのである。総理中曽根には、引き続き田中派から多数の閣僚を起用してもらわねばならなかった。

最高顧問会議が終わって、田中（六）と山口との間で再び連立をめぐる具体的な話し合いが始まったのも田中は承知していたが、あえて口をはさまなかった。とくに、新自由クラブとの連立となれば、入閣の一ポストは、新自由クラブ代表田川誠一の入閣が有力だった。

田中にとって、田川は大嫌いな存在である。政治倫理確立を訴え、田中の辞職を求める田川は、新潟三区の長岡にまで乗り込んできてさんざん田中批判をぶって回ったのだから……。

しかし、これについても田中が異議を申し立てては、新自由クラブとの連立ができるものもできなくなる。だから、田中はあえて見て見ぬフリをした。

それよりは、自派議員の入閣など、ポストの問題だった。

「今度も田中派は党三役一つに閣僚は六ポストだ」

田中は、早くも中曽根に対し要求を出していた。

総選挙敗戦の責任もあって、幹事長の二階堂はいったんは身を引くこととなった。いずれ近い機会に、副総裁としてカムバックさせるということであったが……。

そこで、後任幹事長は、最高顧問会議の乗り切りや新自由クラブとの連立工作に腕のさえを示した田中六助起用が中曽根の腹だった。となれば、今度は田中派からは金丸信を総務会長に……。この人事には中曽根も田中も異存はなかった。あと、党三役の中の政調会長は、福田派の藤尾正行の起用であった。新三役の顔ぶれは、幹事長田中（六）の起用をめぐって鈴木派内部に強い異論があったものの、まずまず順当に決まっていった。

十二月二十六日午後、中曽根は衆院本会議で二回目の首相指名を受けると、第二次中曽根内閣組閣のため、首相官邸の執務室にこもっていた。

中曽根は、今度の場合も、人事の内容には固く口を閉ざしていた。

とりわけ、官房長官人事である。すでに後藤田の官房長官再任がないことは、田中支配の排除ということから、政界の常識になっていた。そこで、今度はいくら中曽根でも官房長官は自派から起用するだろうとみられていたのである。しかし、中曽根は絶対に事前にだれにも人事構想を口外しなかった。

午後七時すぎ、中曽根は腹心を通じて、閣僚名簿を目白の田中角栄に伝達させた。

▼非主流の代表、河本敏夫を副総理格で経企庁長官に。

▼ニューリーダーの竹下登（蔵相）と安倍晋太郎（外相）はともに再任。

▼注目の官房長官は、中曽根派から官房副長官藤波孝生を昇格させ起用する。

▼後藤田は、行管庁長官に横すべり。

▼新自由クラブの代表田川誠一を、山口敏夫との約束の通り、自治相に迎え入れる。

▼ロッキード事件公判との関連で注目される法相は、鈴木派の新人住栄作を起用。

▼田中派（衆院）からは新入閣として渡部恒三厚生、山村新治郎農水、奥田敬和郵政の三人を起用する。
▼教育改革推進のため、文相には昭和生まれの森喜朗（福田派）を起用する。
中曽根の人事構想は、おおよそのところ、以上のような内容だった。

中曽根にとって組閣を進めるにあたり、最後まで最大の気がかりは、やはり目白の動向だった。といって表立っていろいろと連絡をとるわけにもいかない。そこで腹心の連絡役を通じて、最終的に田中の意向を打診させた。

（田中派からは希望通り新人三人を起用しているからな。後藤田も行管庁長官に残した。それに蔵相竹下の再任と、参院から、新入閣の上田稔〈環境庁長官〉を加えれば、田中派は前回と同じ六ポストだ。これなら異論はあるまい）

中曽根はそう考えていた。実際、田中が優先順位をつけて入閣を求めてきたのは、渡部、山村、奥田の三人だったのである。

田中派にはなお当選六回で、高鳥修、羽田孜、綿貫民輔、左藤恵、佐藤守良らが残っている。しかし、田中はちゃんと推薦順位をつけて入閣を求めてきたので、中曽根はそのまま従っている。だから文句はないはずであった。

だが……。田中角栄からの異議は、思いもかけぬ別のところに出てきたのだ。

「官房長官に藤波だって……？　あれはいかん」

閣僚名簿をみて、田中は開口一番、不満を漏らした。

「中曽根内閣の使命は、行革をやりとげることにあるんだぞ。あんなチンピラに何ができる。官房長官には後藤田を残せ」

田中は激しい調子で怒った。というのは、田中にとって、藤波には一つの悪い印象があるからだった。

四月末、政界がダブル選挙突入か回避かで大揺れに揺れていた時、中曽根から田中のもとへ差し向けられた使者が藤波だった。

「官房副長官ごときをよこすとは……」

とあの時、田中は激怒したものだが、その時の憤懣がいま藤波に対して向けられている。

「行革をやらねばならない。だから、行管庁長官に後藤田を残したではないか。私は先の総裁声明で田中支配の一切排除を約束している。だから今度ばかりは、幹事長や官房長官の要職に田中派から起用するわけにはいかんのです。どうかこの点を納得してもらいたい」

中曽根は使者を通じて、田中にそういわしめた。

田中がなぜ後藤田にこうもこだわるのか。中曽根には、田中の気持ちがわからないわけでもなかった。

なぜなら、田中の最大の気がかりは、実は蔵相竹下登の存在にあった。竹下は先の総選挙に際しても若手候補を支援して東奔西走、明らかに、近い将来の〝竹下派〟の結成をもくろむ動きを示していた。力をつけてきた竹下の今後の動向は、田中角栄にとって最も無気味な存在である。

そこで、竹下に対するいわば〝監視役〟として、田中は後藤田を官房長官に残したいのではなかったのか。中曽根には田中の気持ちが痛いくらいにわかったが、これだけは今回は聞き入れるわけにはいかなかった。

田中判決を経て、総選挙敗戦のあとの政局では、中曽根と田中との力関係の上で、従来にはみられぬ逆転現象もここに生じてきた。田中がすべてを支配した第一次中曽根内閣と、中曽根が一部自説を通した第二次中曽根内閣とでは、多少は性格も異なる部分が出てきた。官房長官人事だけでなく、法相に中立派の住栄作を起用したのも、その一つの現われであった。

「さあ、これでゆこう。そろそろ準備を始めてもらおうか」

午後八時すぎ、中曽根は首席秘書官上和田を呼ぶと、一枚の閣僚名簿を手渡した。それは中曽根が自ら書いた原案そのままであった。

首相、再選への野望

その夜、中曽根が第二次内閣の選考をすっかり終えた時には、もう午後十一時を回っていた。認証式は今度もまた翌十二月二十七日に持ち越されることとなっていた。

中曽根が作った組閣メンバーについて、田中からの異議は退けたものの、その後、福田派からも不満が出た。福田派はとくに新入閣候補村田敬次郎の名前がリストに入っていないとして、中曽根に再考を求めてきた。

中曽根は、村田敬次郎を起用したかったのであるが、先の総選挙で村田陣営では選挙違反が出てその事後収拾に手間どる面があった。中曽根はちゃんとそのことを知っていて村田起用を見送り、かわりに森喜朗を文相に起用した。そのことで福田派との間で調整に若干手間どり、組閣終了は深夜にずれこんだのである。

しかし、いまはもう首相官邸の前庭から報道陣も散り、人の出入りも少なくなって、官邸はようやく静けさを回復していた。

「さあ君たちご苦労さん、いっしょにやろうよ」

中曽根は秘書官たちに声をかけると、執務室の中で、寿司をつまみ、グラスの冷酒を満足そうに口元へ運んだ。

そこへ、新たに官房副長官に起用されることになった水平豊彦もやってきた。

「藤波君を助けて、大いに頑張ってくれよ」

と中曽根が声をかけると、水平は直立不動のような姿勢で、

「私の一生の感激です。全身全霊あげてやらせてもらいます」

といい、深々と一礼した。

水平はまったくのところ突然の指名に驚きもし、感激もしていた。官房副長官の藤波が官房長官に昇格し、そのあとの副長官に自分が納まるなどとはつい夢にも思わなかったのである。

「まあ、今度は運輸政務次官にでもなれれば……」

というのが、その日の昼すぎ、水平がもらしていた率直な希望だったのである。それが思いもかけず官房副長官に登用されることとなり、水平は感激の面持ちで、首相執務室の中曽根のところへやってきたのである。

「まあわれわれはみんな家族みたいなもんだ。これからもお互い力をあわせ頑張っていこうよ」

中曽根は水平や秘書官たちの顔を見わたすようにしてそういった。ロッキード公判一審判決以後、総選挙の敗戦、そして自民党内の批判を乗り切り、さらに新自由クラブとの連立によって第二次中曽根内閣発足にまでこぎつけて、中曽根はいま心から満足と安堵感に包まれていた。

しかし、政治には小休止もなしである。やがて五、六日もすれば、新しい年、昭和五十九年を迎える。一山を乗り切った中曽根には、また越えるべき新しい山があるはずだった。

新しい年、昭和五十九年は、中曽根の自民党総裁再選問題が新しく問われることになるはずの年である。中曽根は、すでに秘かに再選への意欲と野望を燃やしていた。

しかし、それには頼りとする目白の田中角栄が「自重自戒」の談話の下に、いましばらくは表向き謹慎中の身である。中曽根も総裁声明の中で、「いわゆる田中氏の影響力を一切排除する」と表明した以上、田中との協力関係をあらわにするのははばかられる面があった。

中曽根と田中と両者の関係は、当面は互いに知らんフリをする必要があった。

こうして、中曽根政権となって二度目の正月（昭和五十九年）が巡ってきた。

元旦は東京は快晴。最高気温十・一度、最低気温〇・九度。ほぼ例年通りの気象状況である。

自重自戒中といっても、しかし正月ともなればまた話は別だ。目白の田中は、いつものようにことしもまた早朝から自邸に年始客を迎え入れていた。

午前八時四十五分、前幹事長二階堂が外車で乗りつけてきた。

「あれでよかったよ。あれしかなかった」

東京・目白の田中邸

田中は二階堂に向かってそう声をかけた。二階堂が自ら筆をとって書いた「総裁声明」のことをいっているのだ。田中は名を捨てて実をとった。つまり総裁声明の中に、「田中排除」を盛り込みはしたものの、結局は中曽根政権を存続させて、党三役と閣僚の計七ポストを得た。それによって田中派内部の不安や動揺も押さえることができたのだ。だから二階堂に対しては、あまり気にするなという意味で声をかけたのである。

「マア、マア、正月早々からそんな話はなしにして……」

二階堂は田中の話をさえぎるようにして、手にした葉巻きをプーッとふかした。

新入閣閣僚では、厚相渡部恒三が、いかにも上機嫌でやってきた。郵政相奥田敬和、環境庁長官上田稔、蔵相竹下登らも

次々邸内に。

しかし、田中派閣僚の中で行管庁長官後藤田と農水相山村新治郎の姿はみえなかった。他派閥からは、国土庁長官稲村左近四郎と元外相桜内義雄（ともに中曽根派）の姿が目についた程度である。

やはり自重自戒中であることへのそれなりの遠慮が、政界の中にもあるのかもしれなかった。なかでも、新自由クラブ代表代行の河野洋平は、官房長官藤波に対して「現職閣僚や官僚が田中邸へのこのこ出かけるようなまねはすべきでない」と前年末に申し入れていたほどである。新たに自治相（兼国家公安委員長）となった田川誠一も自治省と警察庁内には「目白訪問」厳禁を強く指示していた。

それでも、元旦の年始客は全部で五百人近く、相変わらずの賑いだった。

「ことしはいい年になる。景気がよくなる。みんなで頑張ろう」

と田中は、オールドパーの水割りを手に、しきりに客たちに声をかけて回った。昨年末の総選挙結果についても、改めて二十二万票獲得のことを、

「やればできるものだね。野坂（昭如）君は親子二代の付き合いで、本当はいいやつなんだが……」

などと語るのだった。

「暖かくなったら封印をとく」

一方、中曽根の方……。新年は例によって年頭の俳句である。

「うららかな　初日おろがむ　残り雪」

「松は松　石は石にて　初日影」

五十九年の俳句である。元日の首相官邸には、約八百人が詰めかけてきた。目白邸と比べても人数は多いし、また前年と比べればはるかに年始客の数はふえていた。閣僚も蔵相竹下ら十三人が詰めかけていた。ただし、その中に新自由クラブの田川の姿はなかったが……。

中曽根は第二次内閣を発足させた直後の新年を迎えて、ひたすら言動には慎重さを保っていた。自民党内には中曽根に対して引き続き冷ややかな空気も根強いものがあるからだった。

中曽根は「仕事本位で人事を尽くすのみ」「すべては平常心で臨むのみ」とくり返し語るだけだった。

二月になると、選挙後の特別国会が再開される予定であった。衆院本会議や予算委員会で、「田中支配」排除の問題が野党側からとり上げられるのは必至である。

中曽根はこの問題について質問されれば、自分なりの決意を示さねば世間の了解は得られないと考えていた。そこで、事前に目白の田中の元へ電話もかけた。

「表面上はね、あなたの力を排除すると答弁せざるを得ない。そのへんは了解しておいて下さい」

「ああ、どうぞ、どうぞ……」

田中の返事は、一見、ものわかりよさそうに窺えた。

「オレの悪口をいってりゃ世の中平和だというならそれでいいじゃないか。気にせんから、国会がスムーズにいくようやんなさいよ」

田中はそれだけをいうと、ガチャンと受話器を放りつけるように切った。

「なんだ、あんなヤツ……」

田中が電話を切ったあとそうつぶやくのは、周囲にいたものにはっきり聞こえた。

田中と中曽根との関係は、協力するようでいて、その中にいつも緊張感をたたえている。

行動派の田中にとって、一審有罪判決以後、行動の自粛を求められ、それに従っているのはたまらない気持ちだったに違いない。その焦燥が中曽根の電話に対して爆発した。

確かに、政治家田中としての言動は、このところ正式には口を封じられたままだった。総裁声明の内容や、新自由クラブとの連立政権成立の背景などを考えると、うかつに表立った言動はできない。田中にとっては欲求不満のような日々が続いている。

昨年末来の総選挙のあとの総会を田中派はまだ一回も開いていなかった。年末年始に必ず開くパーティーもやっていない。だから、新当選者の紹介もまだなされていないままだ。

会合好きの田中派にしては珍しいことだった。会合を通じて数と結束を誇示することができないのだから、田中にとっては大不満である。

「まあまだまだ、田中にとっては大不満である。

と、田中派幹部がいうのに対して、田中は、

「そんなことだからいかん。うちの連中はおとなしすぎる」

と不満をもらす。最初、一月二十三日に予定されていた新年パーティーは、二月六日に延期されていた。六日の予定はさらに十四日に延期となった。ところがその十四日のパーティーも幹部間の手違いがあってお流れとなった。

「他派は新年会をやっているのに、なぜわが派だけはやらないのか」

田中派の若手議員たちからは不満の声も上がってきた。そこで、二月十四日には、流れた総会のかわりに、七日会（田中派の衆院当選六回以下議員の集まり）の新年会を都内の料理屋で開くことになった。田中はみぞれの降る中を定刻通り会場にやってきた。

田中は、派閥のこの種の会合に、選挙後初めて顔を出したのである。

「私がいま、いろんなことをいえば皆さんに迷惑をかけるので多くをいいません。しかし、当選してきた諸君には心から感謝したい。政治は間断のないものです。お互いに助け合ったり忠告し合ったりして研さんを重ね、国民の負託にこたえてもらいたい」

田中の挨拶は短いものであったが、そのあとは田中は自ら若手議員のテーブルの間を回り、ひとりひとりに声をかけた。

そして、田中が最後にみんなに聞こえるようにいったことは、

「暖かくなったら封印をとく……」

田中はこのころから徐々に、自重自戒の制約を自ら外していった。

二月末、自民党参院田中派（五日会）の総会では、田中は、さらに一歩を進めて、

「三月一日からは禁酒をやめる」

といった。これは、酒のことをいっているのではない。政治活動のことをいっているのだ。しかも田中は、七日会の席では、

「選挙は自分が当選すると思って油断して落ちるものが悪い。すべて本人の選挙だ。しかし、次の総選挙では自民党は三十人ふえるだろう」

といった。さらに、秋の自民党総裁選挙に関連して、

「総裁予備選をやったりやらなかったりするのはおかしい」

とも発言したのである。「総裁声明」以後、田中が政治問題で公然と述べたのは、これが最初でもあった。田中は季節の歩みとも合わせて、自ら冬眠の穴から外に出始めた。折から三月五日がこの年は啓蟄であった。

しかし、田中が政治上の行動を再開してみると、田中が政界の最大の実力者であることに変わりはなかった。〝闇将軍〟といわれようとなんであろうと、田中が強力な力を保持していることに間違いはなかったのである。

第Ⅳ章 水面下の「角栄封殺」密議

カゴにのる人、かつぐ人

「中曽根はなかなかよくやっているよ。他に〝タマ〟がないじゃないか」

「宮沢という〝タマ〟もあるのでは……」

「いやいや、まだ宮沢では大自民党の切り盛りはできんよ。彼は党三役の経験もないじゃないか」

ようやく春の訪れを思わせる陽気となったころ、田中は目白邸を訪ねてきた客と語りあっていた。

とにかく、その冬（五十九年）は異常な寒さが続いていた。お彼岸の入りを前に、三月十六日、関東一円は未明からまた雪に見舞われた。暮れから数えれば、二十五回目の雪だった。それまでの記録は二・二六事件の年（昭和十一年）の「二十三回」というのだから、もちろん新記録だ。

田中はその雪を見やりながら、自重自戒中の静から動へのチャンスを窺っていたのである。のびのびになっていた田中派の新年パーティーが都内のホテルニューオータニで開かれたのは三月三十日夜のことだった。

田中はこのパーティーに出席すると、秋の総裁選挙をにらんで、グサリと核心にふれる発言をした。

「現在、中曽根内閣は大変だ。われわれが荷を負わせたのだから、お互いにしっかり後押ししなければならない。

カゴ（政権）にのる人、かつぐ人、そのまたワラジを作る人というが、カゴをかつぐ人のワラジを作っているのが木曜クラブ（田中派）だ。

諸君は黙ってカゴをかつぎ、ワラジを作っているから私は敬意を表している」

田中の挨拶は、延々三十分にもわたった。このあと、田中は会場で記者団に囲まれると、水割りのコップを片手に、

「いいかい、彼（中曽根）はまだ一年ちょっとしかやっとらんのだよ。君らの会社だって、社長になってしまえば、四、五年はやるじゃないか。そういうもんだ」

といって、ゴクリとコップのウイスキーを飲みほした。

田中は、いろいろ感情上のもつれはあっても、ともあれ中曽根の続投を構想していた。五十九年度予算は、十日間の暫定提出に追い込まれたものの、四月上旬には成立の見通しがついていた。

それと、田中と中曽根との間では、二階堂の処遇についての話し合いもほぼメドがついていた。

昨年末、二階堂が幹事長を辞めたあと、田中と中曽根との間で、早い機会に二階堂を副総裁に指名するという約束ができていた。

田中はできれば、一月の定期党大会で起用を決めてもらいたいと思っていたのだが、中曽根は福田派など反主流の反発を恐れて、先へ先へと送ってきた。しかし、その人事問題も四月に予算が成立すれば、そのあと正式に決められることになっていた（二階堂副総裁は四月十一日、正式決定）。だから、当面、田中は中曽根に対してこれという大きな不満はなかったのである。

田中は、引き続き中曽根のことを第一に考えていた。二階堂やさらに宮沢喜一の存在をそれほどまでに重視はしていなかった。

まだ、雪ばかり降っていたころの二月九日夜、田中は赤坂の料亭「たん熊」で、松野頼三、福家俊一と一緒に懇談した。「たん熊」は日商岩井ビルの裏の通りにある。

田中と松野とは、かつて同じ佐藤派に属しながらどうもソリが合わなかった。とくに田中内閣以後は犬猿の仲となった。それが、五十八年春に松野が夫人をなくした時に、田中が突然弔問に訪ねてきて以後、関係を修復し、福家の仲立ちもあって十年ぶりの懇談となった。

「君は若いもんじゃだめだというのなら、それじゃ二階堂ならどうなんだい」

話の中で、松野が秋に向けての田中のハラをさぐってみると、田中は遠慮会釈もなく答えた。

「オレの場合をみてもわかることだ。二階堂は灰色（高官）だよ。一般の国民大衆が認めるわけがないよ」

田中は、いかにも厳粛な口ぶりでそういったのである。秋の総裁選挙に向けて、二階堂のことは、田中の頭の中にはまったくなかったわけであった。

これに比べるなら、鈴木派の宮沢喜一に対しては、多少は素振りの面だけでも、気の動くところを示していたのではなかったろうか。

宮沢が、犯人東山弘里にホテルニューオータニの一室に呼び出され、襲撃を受けて格闘となったのは三月八日朝である。東京・虎の門病院に入院した宮沢を田中はただちに見舞った。

「なんで宮沢君みたいないい男が、ねらわれるんだ。オレみたいなもんはねらわれないで……」

病院の控え室にいて前首相鈴木や斎藤邦吉、伊東正義ら鈴木派幹部を前に、田中はこういって一同を笑わせた。

宮沢は五十七年十二月二日の鈴木派総会の席で、宏池会（鈴木派）の会長代行に推挙されていた。それ以来、次期総裁選に向けて鈴木派の推す総裁候補が宮沢であるのは既定の事実であった。幹事長田中六助との間で〝一六戦争〟と呼ばれた主導権争いがあったのは事実であるが、鈴木派の総裁候補はあくまで宮沢だった。

だから、宮沢も五十九年の新年を迎えると、東京・渋谷の自宅の応接間を改造して記者団を迎え入れる準備をした。いままでは記者の夜回りはすべて断わっていたのを、週一回は派閥担当の記者を招じ入れようというわけであった。

それだけ、宮沢も総裁選への意欲を固めつつあったのだが、それにしても総裁選への展望を切り開くには、田中と田中派の支持をとり付けることが大前提だ。

そこで、五十九年の年頭以来、鈴木派幹部による田中派への切り込みは猛烈をきわめていた。なんとかして、田中派を中曽根支持から引っぱがそうとする作戦であった。

「角サンが、見舞いにかけつけてくれたということは、これはいい材料ですよ。これまでのアプローチの成果が出てきたんだ。襲撃事件によって、派内にはかえってやるぞとの闘争心が強まってきたし禍を転じて福となすということですよ」

三月八日の宮沢襲撃事件を、鈴木派議員はあえてよかったと喜ぶ一面さえあったのである。

しかし、田中は宮沢の見舞いにかけつけたものの、ウマを中曽根から宮沢に乗りかえようとしていたわけではなかった。

「大丈夫だ。心配するな。角さんはこっちだ」

心配そうに首相公邸にかけつけてきた中曽根派議員に対して、中曽根は力づけるように断言した。日ごろだいじなことは、なにかと田中と電話で連絡もしているから、心配するなというのだった。

「だって私になんの落度があるというのか。私以外にいまのところタマはないじゃないか」

中曽根はそうもいって自信のあるところを示していた。

二階堂のことも、そして宮沢のことも、本当のところ、田中の頭の中にはない。とりわけ、二階堂に対してはそうだった。中曽根はこのことを確信していた。

だから、あとで秋になって二階堂擁立が火を噴くようになるとはまさかのまさか、田中も中曽根もこのころは思いもしなかったのである。

鈴木前首相の〝中曽根憎し〟

冬が異例の寒さだったのに対し、この夏は今度は記録ずくめの暑さ続きだった。

八月七日は暦の上ではすでに立秋であったが、この日、東京では午後になって三十五度を記録。その夏の最高となった。

夜になっても気温二十五度を下回らない日を「熱帯夜」と呼ぶが、東京では八月一日から二十三日まで連続二十三日間の「熱帯夜」が続いた。昭和五十三年の連続十五日を大幅に破る新記録である。

その間、七月二十九日（日本時間）からはロス五輪が始まった。四冠王カール・ルイスや柔道山下泰裕の活躍に全国の目が集まっていた。

特別国会は大幅延長され、延々と八月八日まで続いた。しかし、この間に最大の難法案と目されていた健保法改正法案は八月七日に可決、成立。中曽根政権の大きな得点となった。

夏の間、政界の動きは表には出ない。ようやく動きがあわただしくなるのは、秋風が立ち始めるころからである。

十月八日は、箱根は雲一つない快晴であった。

しかし、湯本から芦ノ湖の方へ上がってゆくと、あたりは晩秋の気配が立ち込めていた。駒ケ岳から芦ノ湖に向かって吹く風は、もう肌にしみるように冷たい。箱根観光の外国人夫婦は、用

鈴木善幸と宮沢喜一

心深く厚いセーターを着込んでいた。

その夜遅く、芦ノ湖プリンスホテルの一室では、前首相鈴木善幸と鈴木派会長代行宮沢喜一とがいま二人だけで向きあっていた。

「実はこの秋は、二階堂君を擁立しようと思っているんだ。いままで内々に話を進めてきたこともあるんだよ」

「エエッー、なんですって……。鈴木会長は私になんかいうことがあるのではと前から思っていましたが、まさかそういうこととは……」

「こうなったら、中曽根をつぶしてやる。二階堂政権になれば、宮沢君、君が幹事長だよ」

先刻ホテルの近くの料理屋で開いた鈴木派議員と担当記者との懇親会の席で、鈴木は相当酒を飲んでいた。その酔いがまだ残っている赤い顔でじっと宮沢の表情をのぞき込むと、宮沢はしきりに、

「そうですか、そうですか」

と首をふった。

鈴木は、この春以来、温めてきた重大事をいま初めて宮沢に公然と打ち明けたのだ。

鈴木の回想は、しばらく前にさかのぼってゆく。

それは、中曽根に対する激しいまでの憎悪であり、親友二階堂に対するあふれるほどの友情と期待感であった。その間にあって、目白の田中だけがなぜ同調してくれないのか。鈴木の大きな気がかりはまさしくその一点にあった。

鈴木の中曽根に対する不信感のきっかけは、前年末、第二次中曽根政権発足の時の幹事長人事に始まっている。

「幹事長ポストは、わが宏池会への配分ということでいいですな。それなら、宮沢君だが……」

「ええ、ええ、宏池会の幹事長ということでけっこうです」

組閣前日の五十八年十二月二十五日夜遅く、鈴木は中曽根との間で、そういう約束の電話をかわしていたのだ。あわせて、衆院議長も鈴木派の福永健司を起用するということだった。

ところが、組閣当日の十二月二十六日午前になって、幹事長は宏池会は宏池会でも田中六助だというニュースが伝わってきたのだ。

東京・赤坂の第十六興和ビル五階にある鈴木の事務所に若手議員の丹羽雄哉らが詰めかけてきた。

「鈴木会長、テレビのニュースは『田中幹事長で内定』と伝えておりますよ」

「そんなバカな……。中曽根君は昨夜、私に約束してくれているんだ」

鈴木は顔を真っ赤にして、逆に丹羽らをにらみ返した。

「しかし、そうはいってもテレビが……」

「よしわかった。平泉君、すぐ確認をとれ」

鈴木はそこにいた平泉渉に、人事情報の確認を急がせた。

「間違いありません」

平泉の返事を聞くと、鈴木はただちに首相官邸の中曽根に電話を入れさせた。

「わが派は、あくまで幹事長は宮沢君でということだ。この約束が実現しないようでは、あなたへの協力全体のことも考え直さねばなりませんぞ」

「しかし、私は幹事長は宏池会からと申し上げたのです。それがだめだとなると、福永議長も含めて全体を白紙に戻さねばなりませんね」

中曽根の強硬な突っぱりに、鈴木はたじろいだ。それでとうとう田中（六）幹事長起用を承服するほかなかったのである。福永の議長人事までをつぶされては、鈴木にとっても立つ瀬がない。

あの時の屈辱感が、鈴木の心の中に火をつけた。

（中曽根は信用できない。オレが身を引いたから中曽根は総理・総裁になったのに、いまはその恩義もなにもないというのか）

鈴木の憤懣は炎のように燃え上がるばかりだった。

それで年が明けると、鈴木はさっそくに二階堂へのアプローチを開始した。一月末には帝国ホテルで、鈴木、二階堂の他に宮沢と田中派の江崎真澄を加えて食事を共にしたりした。これは、事前の接触のようなものであった。

鈴木が、本格的に二階堂の胸のうちを叩き出したのは、二階堂が副総裁に就任した直後のことである。

四月十三日に、鈴木は二階堂と二人だけの極秘会談を持ったのだ。中に立ったのは、田中派の前厚相林義郎だった。

「私の政権ができたのは二階堂君、あんたが大平亡きあとの政局でいろいろ動いてくれたからだよ。その恩義は忘れていない。今度は私が恩返しをする番だと思っているよ」

「アハハハ、その気持ちはありがたいと思っているよ。そういえば、水産講習所出のキミが総理・総裁になったんだからな。アメリカの大学出のボクだってなれんことはないな」

鈴木と二階堂との間では、そうした会話もかわされたのだ。「二階堂に脈あり」——鈴木は中曽根おろしの工作に光を見始めたのである。

問題は、田中（角）がＯＫするかどうかだ。

六月六日、水産業界の功労者の銅像除幕式があって、鈴木は下関へ出向いた。その帰途、鈴木は機中で林義郎と隣り同士に座ると、

「問題は目白のハラだよ。キミからそれとなく意向を叩いてみてくれんか」

と依頼した。直後、林は目白を訪れている。そして遠回しに、二階堂擁立のことを持ち出してみると、

「善幸はなにをバカなことを……。中曽根にとり立てて失政がない時に引きずりおろすことなんてできんよ」

田中の返事はまさに一笑に付すといったていのものだった。だから、林もそれ以上は話を進めることをやめてしまった。

ところが、そのあとも鈴木のもとへは、中曽根に対する強い批判と裏返しのように、二階堂に対する大きな期待感が自民党内にあることが聞こえてきた。

鈴木はようやく暑さが去った九月二十日夜九時すぎ、成田を出発してオーストラリアへ向かっていた。自民党無派閥の桜井新らもいっしょである。

鈴木は日豪国会議員連盟会長として、メルボルンで開かれる農業博覧会「ロイヤル・メルボルン・ショー」に出席するためだった。

現地には無派閥の玉置和郎が先発して到着しており、鈴木と玉置とは、ホテルの部屋が隣り同士だった。メルボルンに三泊した間に、鈴木と玉置とは二回、食事を共にしながら政局の動向をじっくりと話しあった。

「鈴木先生、二階堂さんの擁立が進めば、あるいはぎりぎりのところで、党内はまとまると思いますよ。二階堂さんは公正で立派な人ですから……」

「玉置さん、あなたもそう考えますか。ウーン、それならばね」

鈴木は玉置の語るところに、深く肯くところがあった。

玉置は、その春のころから、松野頼三や福家俊一とも連絡をとり、二階堂擁立について秘かに党内の空気を打診してきた存在だった。

二階堂が春先に腸の手術をして回復したあと東京・永田町の料亭「一條」で、四月十日夜、松野、玉置らで二階堂の快気祝いをしたのもその一環だった。その玉置がるる党内の空気を語るのだから、鈴木も真剣に耳を傾けていた。

玉置と会談したあとの鈴木に対して、同行していた桜井新はその胸中をさりげなく叩いてみた。桜井はこの秋は、鈴木が当然宮沢を擁立するものとみて、その方向で水を向けてみたのである。

すると、鈴木の答えるのは、意外なことに、

「桜井君、この秋は宮沢は無理だよ。しかし、あるいは二階堂ならば……」

というので、桜井はドキリとした表情で、じっと鈴木の口元を見詰めていた。

鈴木は豪州訪問から帰国したあと、公明党委員長竹入義勝とも極秘の接触を続けてゆく。九月二十八日には、東京・麻布の中国大使館で、国慶節を前にしたパーティーが開かれると、この席で鈴木は二階堂、竹入といっしょになった。

三人の間でだれからともなく示しあわせると、そのあとは、東京・新橋の料亭「金田中」に集まった。

「自民党の党情、さらにタカ派的外交姿勢など、中曽根の再選は好ましくない。あなた立て」

と、竹入は改めて促すように二階堂にいった。鈴木も大きく肯くのに対して、二階堂は、

「全党的に推されるならば……」

初めて決然とした意のあるところをのぞかせたのだった。

ハシゴを外された宮沢喜一

そうした経緯があって、鈴木はいま宮沢に対して、重大な胸のうちを打ち明けている。

「この秋は、二階堂でいくよ」

と……。

宮沢の表情は一瞬、困惑の中に包まれていた。しかし、春以来の鈴木の言動をたどってみると、宮沢にとっても薄々は感づいていたところでもあった。

とくに、中曽根が夏のころからいろいろな席で、自らの外交運営を誇らしげに語ることが、前首相鈴木の神経をよけいに逆なでしていたのは、宮沢も感じとっていた。

「私がなるまでは、日本の外交は国際的閉塞状況にありました。しかし、それがいまはガラッと変わりました」

中曽根は心からそう思って発言していたが、そのことがそれでは鈴木前政権時代は、日本の外交はだめだったといっているのは明らかだった。中曽根の発言を報道する新聞記事を鈴木が表情をこわばらせて読んでいたさまは、宮沢も派内の議員から聞いて知っていた。

それにしても、鈴木の態度表明は、宮沢にとってなんと皮肉なことだったか……。

宮沢は、その日の午後、実は秋の総裁選挙に出馬するつもりだと決意を表明したばかりだったのである。

十月八日午後三時すぎ、箱根プリンスホテルの国際会議場で、鈴木派（宏池会）は研修会を開催した。

東京都内から、議員たちは乗用車やあるいはバスにいっしょに乗って会場に詰めかけてきた。机の上にはアイスティーが並べられてあるだけ。議員たちはそれぞれ勝手に席をとって開会を待った。秋の総裁選挙に向け、きょうは宮沢がなにを語るのかと、だれもが期待を込めていた。

司会の塩崎潤に促されて、宮沢が基調演説のため、演壇に上がっていった。

宮沢は、先に自らが提唱して大きな注目を集めた「資産倍増計画」のことを語り、さらに平和協力外交の重要さを説いた。

そして、演説の最後のところになると、

「さて、当面の政治の問題でありますが……」

と一息入れた。そのあと注意深く手元のメモを見ながら、一言一句選ぶように発言したのである。

「中曽根総裁は、昨年末の総選挙敗北のあと総裁声明を出し、公正な人事並びに党運営により挙党体制を確立するといいました。

しかし、現状は挙党体制が実現しているとは必ずしもいえません。

この秋は、話し合い決着が最も望ましいことは論を待ちません。

しかし、不幸にして話し合いが不調に終わり、万一、総裁の選任が選挙になるような場合には、私もまた皆さんのご支援を得て、いま申し上げた政策を掲げ、立候補の機会を得たいと希望しております」

文字通りの出馬表明であった。会場の議員たちからは一斉に大きな拍手がまきおこった。

しかし、その時、鈴木善幸だけは満面朱を注いだような重苦しい表情となった。演壇から下りてくる宮沢に対して、軽く会釈を送るだけであった。

鈴木は、宮沢の出馬表明に対して不満だったのである。宮沢が事前に演説内容について一言も相談しなかったことも意外だった。

なかでも、宮沢が昨年末の「総裁声明」についてまでも言及したことである。宮沢は注意深く「総裁声明」の中の田中支配排除のくだりにはふれなかったが、鈴木とすれば「総裁声明」にふれること自体に、危険性を感じとった。

(ここまでいうとは……。これまでの田中派との協力関係もぶちこわしになってしまうではないか。喜ぶのは反主流だけだ)

鈴木はそう思ったから、宮沢のそれ以上の突出をくい止めねばならぬと考えた。そこで、記者団との懇談会も終わったあと、宮沢を自室に招じ入れて重大事を初めて打ち明けたのだった。

翌十月九日午後、反主流福田派は、東京・芝の東京プリンスホテルで年一回恒例の大パーティーを開く。宮沢はこれに出席し祝辞を述べる予定であったが、「親類に葬儀がありまして……」といって断わった。なんのことはない、鈴木から福田派パーティーへの出席を厳禁されたのだ。これ以上、反主流への接近を試みてはならぬということで……。

鈴木はとにかく〝中曽根憎し〟である。中曽根さえ倒せればよかった。そのための手段として二階堂擁立を構想しているわけであった。宮沢は鈴木の意図するところに不満がないわけではなかった。自らが正式に出馬声明をしたその日に、自らの決意をつぶされてしまったわけであるから……。

しかし、鈴木派の会長はなお鈴木善幸である。決定権は鈴木の方にある。鈴木の意にさからってはまだまだ自らの将来への展望は開けてこない。

宮沢は、鈴木の決めたコースに従うほかない。宮沢は総裁選挙に出馬する前に、実のところ、派閥内部の〝内なる戦い〟に敗れてしまったのである。

鈴木はいまや中曽根憎しにこり固まっていた。しかし、二階堂と公明党委員長竹入には、その他にもう一つ重大な背景があった。田中の政治支配をよしとはしていなかったことである。

とくに二階堂の場合——。中曽根政権発足の前には総・総分離構想を打ち上げたし、先の総選挙後の「総裁声明」の中には自ら「田中支配の一切排除」を盛り込んだ。二階堂には〝田中離れ〟の気持ちも強かったのである。

二階堂は、残暑の中の九月十日午後、箱根プリンスホテル別館「龍宮殿」の一室で、田中と会っている。午後三時からホテル本館で九年ぶりに田中派の議員研修会が開かれるのに先立って、二人だけで秋の政局を語りあった。

「きょうは率直にものをいうからじっくり聞いてもらいたい」

と切り出した二階堂のいい方は、最初からすでに気色ばんでいた。

「あんたは中曽根を買っているが、中曽根に対する自民党内や公明、民社の不満は本当に強いんだ。中曽根は周りが汗をかいているのに、手柄を自分のものだけにするじゃないか。

それに、閣内にいながら田川（自治相）がいろいろ田中批判をする。河野洋平もそうだ。しかし、中曽根はそれを抑えようともしないじゃないか。

新自由クラブとの連立を継続するというのなら、田川や河野を切って、山口（敏夫）グループを復党させるべきじゃないのか」

二階堂のいうところは、中曽根批判を展開しながら、実際には田中に対する不満をこめて語っているのだ。中曽根を支持し続ける田中に対する批判であった。

「まあそういうな。オレは中曽根のあとは君だと考えているんだ」

田中は二階堂の気持ちをとりなすようにそういった。田中の顔もひきつっていた。田中はその夏、軽井沢で、二十日間、四十ラウンドのゴルフ三昧の生活を過ごしたばかりだったから、真っ黒に陽焼けしている。そこへ、二階堂の憤激の言葉を聞いて自らも興奮し、顔色が赤黒くなった。

「オレはまだ、中曽根再選と決めたわけじゃないんだよ」

田中は最後に、二階堂をふり切るようにそう語った。

しかし、田中の本心はまったく変わりなかったのである。二階堂との話し合いを終えたあと、田中は議員研修会に臨むと、実に二時間近くにわたって長広舌をふるい、だれが聞いても明々白々に中曽根再選支持をぶち上げたのだ。ついさっき、二階堂に対して「オレはまだ決めていない」と語った舌の根も乾かないうちに……。

田中の演説はあっちへゆき、こっちへゆきの例の調子だったが、要は次のような内容だった。

——わが派から総裁候補を出さんということはないが、強いて出すこともない。時が来て天が命じなければだめだ。十年以内にはその時がくるかもしれないが……。

——われわれは権力闘争の先頭に立ってはならない。オレもオレもという時代ではない。国民への公約を毀誉褒貶をかいくぐって実行する人が頭領だ。われわれはカゴをかつぎ、ワラジを作る必要がある。

——総裁の任期が二年というのは茶番だ。任期三年として、原則二期六年とすべきではないか。三選を求める場合は、自民党国会議員の三分の二以上の発議で党則を改定するというのが妥当である。

——河本派は三十人余で二人の閣僚を割りあてられている。（実質）百五十人のわが田中派が十人を要求してもおかしくはない。

——公明党は真水と塩水の間に住む魚みたいな中間政党だ。実態は自民党と同じだ。危急存亡の時に至れば、自民党と一緒になる性質の政党である。こんなことをいうと竹入委員長は怒るかもしれんが……。

——公明党が日蓮上人とすれば、田中角栄は弘法大師だ、それだけの違いだと、竹入委員長や池田大作創価学会名誉会長にいったこともある。

——公明党は田中辞職勧告決議案に賛成というかもしれんが、そうなれば解散だ。要するに、田中はいいたい放題をいったのだった。

演壇の下では、二階堂も蔵相竹下も、総務会長金丸もそして田中派の現職、元議員百十二人が辛抱強くじっと耳を傾けていた。

それから何日か過ぎて、第一議員会館五三三号室の二階堂の部屋をある反主流議員が訪ねて懇談した。

「副総裁、この間の田中（角）さんの話だが、もう少し自重してくれればいいものを……。自重自戒はどこへ行ったのか」

「いや本当だ、あれは病気みたいなものだよ。大平さん（故首相）が健在のころまではああでもなかったのだが……。まあしかし、党外の人のいうことだからあまり気にせんでくれよ」

二階堂は、反主流議員のやんわりとした抗議を率直にそのまま認めて、ハバナ製葉巻の芳香を一息プーッとくゆらすのだった。二階堂自身も、田中の高姿勢には内心、辟易している。

二階堂や反主流だけではない、いやそれ以上に、田中演説に怒りを感じたのが公明党首脳だった。演説の全容がわかるにつれ、公明党の竹入、矢野らは抗議の声を上げた。

竹入は、二階堂と接触を強めるだけでなく、民社党委員長佐々木良作にも密議の手をのばした。

九月二十七日に、ホテルニューオータニで竹入、佐々木、河野、さらに田英夫（社民連代表）と野党の四党首が集まる機会があった時に、そのあと竹入は佐々木とじっくりと話し合った。これまでの若干の経緯も説明し、

「このまま田中支配の下で、中曽根再選を許したのでは、いつまでもいまの政治状況が続いてし

まうぞ。中曽根はまだ若いし、田中・中曽根の協力関係の下であと十年ぐらいは政界を牛耳るハラだ。これをつぶさなくては大変なことになる」

と竹入は佐々木を説いた。佐々木にももちろん異論はなかった。

だから、二日後の九月二十九日、佐々木は民社党宮城県連のパーティー出席のため仙台市を訪れた際の記者会見で突如としていい出した。

「中曽根再選のうわさは非常に高いが、私は必ずしもそうと思っていない。確定的にみるのは余りに早計とみている。政界、一寸先は闇ですよ。いろんな変化が起こり得るものだし起こった方がいい」

と……。

田中・中曽根の連合関係に対して、ここに二階堂擁立による政権打倒の鈴木、竹入、佐々木らの包囲網ができ上がりつつあった。

不気味な地鳴り

このような動きを早耳の田中（角）が知らぬわけがない。糖尿病で病床にある幹事長田中六助からもそれとない警告が届いていた。田中（六）は病床にありながらも、張りめぐらした情報網によって鈴木サイドの動きをキャッチしていた。

しかし、田中（角）はまるで見くびっていたのである。二階堂や鈴木によってそんな動きが実現するとはこれっぽっちも思っていなかった。

「冗談いうな。二階堂はだれのおかげで副総裁になったんだ。あんなもの、オレがだめといえばそれで終わりさ」

田中は、不穏な動きを伝えてくるものに対して、十月はじめこういい切っていた。田中にすれば、二階堂はあくまで自分の忠臣であり、極端にいえば下僕であるとさえ感じとっていた。

（これまで二階堂の世話をしてきたのは、このオレではないか。彼に総理・総裁としてそんな力があるわけもない。しかも、二階堂は灰色ではないか）

田中は、自分のことはまるで棚に上げるようにして、二階堂のことを軽く考えていたのだ。前首相鈴木に対しても、田中は同じことだった。

（善幸がまさか……。魚問屋の出である善幸にそんな大仕事ができるわけもない）

田中は、鈴木の力量に対しても甘くみるところがあった。

田中は、中曽根からの使者佐藤孝行に対すると、

「心配するな。オレが勝手な行動は許さん！　二階堂はオレのところの印半纏を着ているんだ」

といって、そのむねを中曽根に伝えさせた。

しかし、《水面下の「角栄封殺」密議》は、不気味な地鳴りのように続いていった。

「どうも二階堂をおだてているものがいる」

「公明、民社も絡んでいるらしい」

「鈴木は、宮沢擁立じゃない、二階堂のことで本気なんだ」

どうやら、はっきりと姿を現わした情報が、中曽根のもとへ届き出したのは十月十日前後のこ

とである。官房副長官の水平豊彦らがいろいろと情報をもたらすのに対し、

「やるならやってみろ」

と、中曽根は吐き捨てるようにいった。不穏な動きに闘志をもやすと同時に、しかし一方では不安も高めていた。

実際そのころ、二階堂擁立に向けて、田中派幹部の田村元なども各方面を必死に走り回っていた。田村は蔵相竹下のところへもやってきた。

「田中派もいろいろだ。二階堂についていくのが二十人はいる。衆院は、オレ、江崎（真澄）、小坂（徳三郎）、林（義郎）……。参院では徳永正利、川原新次郎、井上吉夫……」

田村が指を折って名前を数え上げるのに対し、竹下も迷うところがあった。竹下にとって二階堂は先輩であることにかわりはない。従来とも二人の関係は決して悪くはなかった。

竹下は、直ちに総務会長金丸信に相談した。

「バカいうな、二階堂政権が誕生したら、次は宮沢だぞ。君の出番は遅れてしまうじゃないか」

金丸は、竹下の人のよさになかばあきれる思いで一喝した。それで竹下も、二階堂擁立に乗るわけにいかないと腹をきめたのである。

しかし、金丸は竹下からの話を聞くにつれ、もうここは一気に動かねばならぬ時だと考えた。自民党総裁選挙予備選挙の告示日は、十月二十九日に迫っている。もういまは、だれかが話し合いの調整工作に乗り出すべき時だった。副総裁二階堂は、自分の擁立の動きがあることを踏まえて調整役を拒否している。幹事長田中六助は入院中だった。となると、調整は自分の役割りか

もしれぬ。

ただし、その前に金丸は、最終的に、目白の田中の意思をもう一度改めて確認しておく必要があった。でなければ動くにも動けない。そこで、金丸は十月二十三日夕、証人として小沢辰男を伴ない、目白を訪ねる。

「オヤジさん、中曽根再選でいいんですな」

「そうだ、そうだ。それでいい」

「田中派から候補を出すようなことは絶対にありませんな。二階堂さんのことだが……」

「もちろんだ。前からいってる通りだ。二階堂は出さん」

「わかりました。それならあすから党内の調整に入りますよ」

「けっこうだ。よろしく頼む」

田中と金丸にはこんなやりとりがあった。

その夜、前首相鈴木は、北京に滞在中だった。中日友好病院（北京市和平里）の開院式に出席するため、前日から北京を訪れていた。

十月二十三日夜、鈴木は釣魚台の宿舎・迎賓館の一室で、同行の記者たちと懇談していた。

鈴木は上機嫌だった。鈴木は、

「田中、鈴木両派の友好関係は兄弟派閥であり、これを崩してはならない。福田、河本両非主流派と鈴木派の連携では、挙党体制にならないからね。まあ、話し合い調整が告示前につけば、宮沢君の出馬はないよ」などと語っていた。そのうち記者の一人が、

「話し合いは候補者以外が対象になることもあるのか」

と聞くと、鈴木はニヤリと笑って、

「オレだって候補者じゃなかったんだからなあ」

と答えた。その答えの中に鈴木は、二階堂のことをにおわせていた。候補者は、中曽根や宮沢やあるいは外相安倍晋太郎や河本敏夫ではなく、二階堂をという意味だった。自分が大平没後、政権に就いた時も直前まで公認の候補者じゃなかったという意味でもあった。

しかし、鈴木の語るところがまさか本気だとは、同行の記者のだれもが思いもしなかった。鈴木は帰国後、一気に動いて田中（角）との間で話をつけ、二階堂政権を実現するハラだったのであるが……。

記者たちが去って、午後十時すぎ、東京から国際電話がかかってきた。その電話の内容は鈴木の上機嫌を一気に緊張に変えさせるものであった。

東京の電話の主は、田村元である。

「事態が急展開しています。きょう夕方、角さんのところで、田中、金丸、小沢の三者会談があって田中派はやはり最終的に中曽根再選でいくことになった。あすから、金丸の調整が始まります。情勢は難しくなりましたかなあ」

鈴木は一瞬、息をのんでいた。さきほど、記者たちといっしょに飲んだウイスキーの酔いも急速にさめる思いであった。

「そうですか。とにかくあすの午後には東京に帰ります。すべては帰ったあとで……」

鈴木はそういって電話を切った。

火を噴いた中曽根批判

帰京後、鈴木は確かに猛烈なまき返しに転ずる。反主流福田赳夫とも改めて連絡をとり、二階堂擁立に同調を求める。

十月二十六日には午前中、鈴木―中曽根会談、午後には鈴木―田中（角）会談が予定されていた。鈴木はこれらの会談を通じて一気に決着をつけるハラだった。決して望みは捨てていなかった。

まず、中曽根に会って、

「君はもう総理・総裁じゃない。孤立無援だ。党内は二階堂擁立で固まった」

と談じ込んで、中曽根に再選を断念させる。その上で田中との会談に臨めば、田中も応じざるを得まいというのが、鈴木のよみであった。

ところが……。二十六日朝、鈴木は朝六時半に起床、いつものように朝風呂に入って出てくると、福田から電話がかかってきた。

「大変困った。安倍君たちがウンといわないんだ。あの話は無理なようだ」

「ハハア……、安倍君がねえ……」

鈴木は、無血クーデターのなかば失敗を早くもさとっていた。福田派の同調が得られなくては決定的な動きにはならない。中曽根や田中との会談も意味あいが変わってくる。

「あの話は終わりだ。だめになった。さらにやってはみるがね……」

鈴木はただちに宮沢にも連絡をとっていた。

それでも鈴木は、田中との会談で、さらに粘る。

「田中派の中にも自前の候補を出したいという声がある。あんたはこういう声をいつまで抑えられると思っているんだ？」

「君の友情には感謝するよ。しかし、二階堂は七十五歳だ。ことし春には腸の手術もしている。二階堂に本当に総理がつとまると思っているのか」

田中は、最終的に鈴木の勧めを拒否したのだった。

わが事成らず——、失望感を深めたのは、鈴木以上に他ならぬ二階堂自身がそうだった。二階堂とすれば、福田派内の反対論よりもなによりもまずその前に、田中派内部に反対が強かったことに憤激の気持ちを強めていた。

（なんでオレのことをつぶすのか。よってたかって……。田中や金丸や小沢たちが……）

二階堂は心底、腹わたが煮えくり返るような思いをしていた。

だからこそ、翌十月二十七日午前、ほぼ一ヵ月ぶりで二階堂は目白邸を訪ねると、田中との間で大激論となった。二階堂擁立がつぶれることになったから、自分の思いのたけをぶちまけたいということでもあった。

「きょうはいいたいことをいわせてもらう。遺言と思って聞いてもらいたい」

二階堂の口調は、九月の箱根の時以上に厳しく、田中に対してくってかかるようだった。

「あんたはなんで早々と中曽根再選を決めたんだ。私に一言も相談がなかった」

「中曽根でいいじゃないか、キミ！　考えてみろ、あいつならどうにでもなる」

「実は私を推す話がある。すでに聞いていると思うが……。私の方からなりたいといっているわけではない。だが、そんな話が出る事態であることをよく考えてほしい。中曽根を好きなものは党内に少ない。

公明、民社の中道も、自民党総裁選に重大関心を持っていろいろなことをいってくる。中道は中曽根内閣では、国会はやっていけないというんだ。中道の中曽根に対する認識は、あんたが考えているほど甘くないんだ」

「そりゃ、わかったよ。しかし、ものごとには時期やチャンスもある。君だって灰色といわれたり、それに腸の手術もしたのに……」

「なんということをいうんだ、あんたは……」

田中と二階堂のやりとりは小一時間も続いた。途中からは江崎真澄や小沢辰男も同席したため、だんだんと二人の興奮の口調は去っていったが、真っこうからの立場の対立であった。二階堂は、田中の支配力の行使と中曽根政権の継続に強く異議を申し立てたのだ。

二階堂の気持ちは、どうしても収まらなかった。

その日の午後二時すぎ、自民党本部四階の総裁応接室で各派代表者・党五役会議が開かれる。総裁応接室は、二階堂にすれば、総・総分離構想（五十七年十月）を持ち出した時、さらに田中支配排除の総裁声明をまとめた時（五十八年十二月）と、忘れられぬ場所でもある。

「この部屋に入ると、いい気はせんよ」

といって二階堂はイスに腰を沈めた。

しかし、室内の雰囲気は前年末とはびっくりするくらい変わっている。自民党本部は五十九年九月十九日、過激派の襲撃で火災に見舞われ、総裁応接室も水びたしになった。そこで復旧工事を機に、総裁応接室の照明は前の二倍か三倍も明るく変えられた。壁や床も新たに張り替えられた。

新築なった社長室のようにピカピカである。しかし、そこに集まるのは、前も今もほとんど変わらぬ政治家たちの顔ぶれであった。

その席で、二階堂はとくに発言を求めると、田中に向かっていったのと同じように公明、民社両党の考え方も紹介し、自民党の現状を憂える主張を堂々と展開したのだった。あとで金丸が「国士的発言」と評したところのものであった。二階堂のそのような発言があったから、二十七日の会議はさらに翌日に開かれることになり、中曽根再選の決定は持ち越しとなった。

翌十月二十八日は、日曜日、東京は朝からよく晴れ、静かな日を迎えていた。

午後二時近く、前日に続いて再度の実力者党五役会談が開かれるころには、自民党本部の前の路上は、新聞、テレビ各社の車でいっぱいになった。日曜日で一般車の往来が少ないのが幸いだった。

午後二時すぎ、二回目の実力者会談が始まった。すぐに口火を切ったのが福田だ。

「新聞情報によると、つい最近も中曽根総理は軽井沢で極秘に田中角栄氏と会って政局の相談をしたという。こんなこと自体が先の総裁声明に反しているんだ。一体、どういうことなのかね、渡辺君」

と、福田は同席している幹事長代理渡辺美智雄をなじるように見た。

「そうですよ。昨年末、新自由クラブと連合を組んだ時も、事前になんの相談もなかった。われわれ最高顧問会議に相談があってもしかるべきだった」

鈴木があとに続くと、また福田が発言する。

「だいたい、総理は月に一回、最高顧問会議を開きたいといっていたのに、さっぱりお呼びがないじゃないか。あれはどうなっているんだ」

中曽根再選決着の本題に入るどころか、福田、鈴木を中心に厳しい中曽根批判が、前日を上回ってふき上がるばかりだ。

しかし、この時、幹事長代理渡辺は、なお冷静でいた。そして会議の最終成り行きをまだまだ楽観視していた。

なぜなら、座長役の元首相岸信介が先刻から瞑想するように沈黙したまま、ひとことも発しないからであった。岸が沈黙している限り大丈夫と、渡辺は判断していた。

というのは、こんな事情がある。

前日二十七日の会議が二階堂発言で紛糾して流れたその夜、首相公邸の一室で中曽根と渡辺、そして官房長官藤波がそれぞれ苦吟するような表情で対応策を協議した。

その結果、中曽根がこれまでの党運営について、深く反省する気持ちを、岸にあてた親書の中に綴り、これを二十八日の会議で披露してもらうこととした。

「藤波君、口述するからメモをとってくれ」

と、中曽根は藤波にいった。そして、藤波は中曽根がぽつぽつと述べるところをメモにとりこれを清書し、それでよいとなるとその夜遅く中曽根が改めて毛筆で親書にしたためた。

二十八日午前、幹事長代理渡辺は、この親書を中曽根から預かり、胸のポケットに収めた。午後二時からの会議を前に、元首相岸は、再び御殿場の自宅から上京してくると聞いていたので、渡辺は東京・西新橋の日石ビル内の岸事務所で、岸の到着を待ちかまえていた。岸事務所には秘書の中村長芳と、岸の後継者でもある代議士吹田愰(福田派)の二人しかいなかった。

岸が事務所に到着したあと、渡辺は岸と二人だけで会い、まず岸の見解を打診した。

「中曽根君は総理としてはなにもいうべきことはない。ただ、総裁としてはいささか欠けるところがあるということなんですよ。会議に出ている多くのものがそう思っている」

岸が語るところを聞いて、渡辺は心の中で「そうなのか、そうなのか」と思いながら、弾むような気持ちを必死に抑えていた。

(岸さんは決して、中曽根政権の継続には反対でないのだ。となれば、きょうの会議の推移をそれほど心配することもないではないか。きょうは決まるだろう)

渡辺はこう思ったから、岸にあてた、ポケットの中の「中曽根親書」をそのまま出さないでしまった。渡辺は、親書が公開されればそれはあとに残り、再びなにかの機会に火ダネとなりかねないと考えたからだった。

渡辺はそのあと、党本部へ急行すると、総務会長の金丸信に会い、

「岸さんは大丈夫だ」

と、岸の考えているところをそのままに伝えた。

金丸は「そうか。わかった」と答え、なにやら自信ありげな口ぶりだった。

金丸信と後藤田正晴の怒号

ところが、二十八日の二回目の会議は、冒頭から福田や鈴木の中曽根批判が相次ぎ、いぜんとして決着がつかない。

さすがに、渡辺もいささか不安になって、会談開始から三十五分後、首相官邸の中曽根に報告のため、党本部総裁応接室を飛び出していった。この間に、舞台はまたまた暗転する。

会議が中断することとなって、福田と鈴木は別室（総裁室）に席を移すと、

「この間の話は、なんでだめになったんだね」

と福田。鈴木との間で、あっという間に二階堂擁立の話がむし返されることになった。

二人は河本敏夫も招いて意向を質すと、河本は、

「もし二階堂さんが立つなら、私の方も一兵たりともれなくはせ参ずる」

との返事。三人の意向が、改めて二階堂に伝えられた。時刻は午後三時半を過ぎていた。

幹事長代理渡辺が首相官邸からプリプリした表情で戻ってきた。

会議は再開された。渡辺は中曽根から託されてきたという〝中曽根メモ〟を読み上げた。例の

胸に秘めた親書ではない。それはすでに中曽根に返し、改めて一枚のメモを預かって帰ってきたのだ。しかし、それがかえって火に油を注ぐ結果になってしまった。

「なんだこれは……。一片の紙切れですよ。文書にしたところで、またそれは破られるかもしれん」

と、福田はまるで問題にしなかった。

午後四時ごろ、二階堂は江崎（田中派会長代理）を別室に呼ぶと、

「実は、福田、鈴木、河本三派から私を総裁にという話があるのだが……」

と相談した。

なにか動きがおかしいと総務会長金丸が察知したのはこのあとの段階だった。もう夕闇が落ちてきていた。

「ダメだ、ダメだ、ダメだ。なにをいまさら……」

金丸は、二階堂と江崎をどなりつけるように飛び込んできた。

「バカをいうな。筋が違う。今度の調整は総務会が執行部に一任、執行部が私に一任している。ここまで〝中曽根再選〟の方向で話が進んできてなにをいまさら……。そんなことなら私は国会議員を辞める。二階堂さん、あんたが出ないといえばすむことだ！」

副幹事長佐藤守良（田中派）から極秘の連絡を受けて、事態の急変に驚いたのは、蔵相竹下、後藤田、小沢辰男らの田中派幹部である。

東京・平河町の砂防会館別館三階の木曜クラブで待機していた竹下、後藤田らは、仲間の議員

たちに気どられないように木曜クラブを抜け出ると、二百メートルほどしか離れていない自民党本部へかけつけてきた。

「この期に及んで何をいうのか！　バカもいい加減にしろ！」

後藤田もすさまじい剣幕で怒号した。あとで戦前の特高を思わせたとまでいわれたほどである。

金丸や後藤田たちにつめ寄られて、二階堂はがっくりと肩を落とした。

「そうか、よくわかったよ。オレにも、昨年の総裁声明についてはこれをどう守っていくか責任がある。その責任がある以上、オレは今回出るつもりはないよ」

二階堂がそう語った瞬間に、二階堂擁立は結局のところ不発に終わったのだった。二階堂が福田、鈴木らに最終的な辞退を伝えたのは午後七時すぎだ。

宮沢、安倍、河本らはすでに出馬見送りを決めていたのでここに中曽根再選は確定した。

各派実力者、党五役さらに最高顧問たち、その席へ中曽根も招かれて最後の会議が開かれたのは午後九時近くだった。

鈴木や政調会長の藤尾は、中曽根に面と向かうと、

「二階堂氏が辞退しなければ、二階堂総裁が誕生していたところだった」

といい放った。

中曽根はひたすら頭を下げるのみだった。しかしすべてが終わって出席者が去るころになった時、中曽根は一人一人と握手をかわしたのに、右隣りの二階堂にだけは決して手をさし延べなか

った。

二階堂が新宿区揚場町にある自宅のマンションに向かったのは、その夜遅くだった。

(今度はオレは断念した。しかし、いずれチャンスがあるならば……)

二階堂は田中(角)のこと、政権のことを思いめぐらしながら、マンションの中に姿を消していった。

東京・経堂の鈴木邸では、その夜遅く鈴木がいかにも満足そうな表情で、鈴木派の水野清、丹羽雄哉、小里貞利らと話しあっていた。

「どうだい、オレの考えていたことは……。君たちに一々いえなかったが、まあこんなところだよ」

鈴木は愉快そうにウイスキーの水割りを口元に運んだ。二階堂擁立は最終的に失敗したものの、中曽根にひとあわふかせたのだ。中曽根は、危うく政権の座から追われるところまで追いつめられたのだ。鈴木にはそのことが、愉快でならなかったのだ。

中曽根と田中(角)にとっては、その夜は眠れぬような思いの一夜であっても不思議はない。しかし、政界の実力者たちは、気持ちの切りかえが早い。勝ったり負けたり、そんなことは長い政治生活の中では日常のことだ。

中曽根にとっては、もう問題は次の人事のことだった。田中にとっても同じことである。しかし、二階堂擁立工作の背後には、福田、河本、そして公明党、民社党など田中支配からの脱却をめざした勢力があった。とすると、今度こそは党三役や内閣の主要人事で、中曽根が田中離れを試みなければならぬのは明らかだった。引き続き田中の意向は重視しなければならぬが、といって、田中の求めるままになるわけにはいかなかった。中曽根はむしろ田中離れができる一面があることに、ホッとする思いだった。


中曽根は再選が決まって、さっそく目白へ使者として、佐藤孝行を送った。

「幹事長は後藤田か、新潟（小沢辰男のこと）だな」

「しかし、そうはいっても田中先生、中曽根再選の調整は金丸さんがやったんですよ。それを外すわけにはいかないのでは……」

「それはわかっているが、金丸は世代交代論者だからな。彼が竹下（蔵相）のことを考えているのはオレにもわかっている」

「でも、党内反主流派は後藤田、小沢ではウンといいませんよ。金丸なら別です」

「ウーン、そうだな。金丸は確かに両刃の剣だなあ」

田中は、佐藤を相手に幹事長人事のことをとつおいつしていた。療養中の幹事長田中六助はすでに退陣がきまっており、新幹事長の人選が人事の一番の目玉だった。

田中は、その本心は後藤田か小沢かの起用であった。自分の直系で党の中枢を押さえたかったのである。

「しかし、そうはいきませんよ。ここは金丸の力量に頼らなくては、党の運営はできません」

中曽根サイドがそういうのに対して、田中も、

「まあ当面は金丸も自分のことで手一杯だろうからな。竹下のためすぐ動くわけにもいくまい」

そういって〝金丸幹事長〟を渋々ながらＯＫした。そのことがあとで、田中派の世代交代への動きにつながることを田中は予知していたであろうか。

中曽根が、中曽根再選の功労者金丸に対し極秘のうちに首相公邸を訪れるよう求めたのは、十月三十日夜のことである。

金丸はその夜、夕刻から東京・築地の高級料亭「吉兆」にいた。昭和通りからほんの道一つを隔てたところにあるこの料亭は、茶色の鉄板製の高いへいに囲まれている。座敷の中に通ってしまうと、町なかの喧騒はまったく聞こえてこない。

金丸は、前に議運委員長を務めたころの与野党議運理事と共にいまも年に何回か「吉兆会」を開いている。この会を楽しみに夫婦づれで参加するものもある。その夜も「吉兆会」が開かれていた。

「それでは皆さん、ごゆっくり。ワシはちょっと野暮用があるものだから……」

午後八時を過ぎると、金丸はさりげなく席を立った。

金丸を乗せた車は、中曽根が待つ首相公邸へ向かった。公邸は、官邸のうしろ側に隣接した首相の住居だ。

金丸は、ふだんは使われていない、公邸裏側の通用門から中に入っていった。

「金丸さん、お待ちしておりました。これからもよろしくお願いします。今度はあなたに幹事長を引き受けてもらいたい」

「わかりました。私はやるとなったらやります。心配はいりません。私が幹事長なら、政調会長は藤尾（正行）君の留任でお願いしたい。藤尾君なら気心が知れていますから……」

「けっこうです。そうすると、党三役は金丸幹事長、藤尾政調会長、それに鈴木派に党三役をすでに約束してありますので、宮沢総務会長ということになりますね」

「いいでしょう。竹下と安倍君の処遇はどうするんです」

「二人には引き続き留任でお願いしたい。ああいうこと（二階堂擁立）があった以上、内閣の安定をより考えねばなりませんから……。私もいずれニューリーダーへの世代交代にひと肌ぬぐつもりですよ」

首相公邸の応接間で、中曽根と金丸の極秘会談は一時間余も続けられた。

第二次中曽根改造内閣の主要な顔ぶれは、事実上、この場で決定されたのである。これまでの中曽根政権が、〝田中曽根体制〟だったとするなら、今度は新たな中曽根・金丸連合の発足と呼ぶにふさわしい決まり方だった。中曽根と金丸による総・総分離の体制だといってもよい。田中（角）の人事決定権はここに初めて大きくそがれることになったのだ。

中曽根・金丸主導の人事

翌十月三十一日、水曜日の朝。

関東地方は、この秋一番の冷え込みとなった。最低気温は、水戸〇・七度、宇都宮〇・五度、横浜六・一度、東京七・七度……。十一月中旬から十二月上旬の肌寒さだ。

東京では十月十一日に雨が降ったあと、ずっと雨のない天気が続いている。首相官邸や国会議事堂周辺の銀杏の街路樹は、そろそろ黄色味を帯び始めていた。

中曽根はその朝、首相公邸の居間から、公邸の庭の木々が、少しずつ紅葉や黄葉の色合いを強めているのを見詰めながら、ひとりもの思いにふけっていた。

（金丸との話し合いで、すでに三役はきまった。問題は二階堂の処遇だ。オレには実のところ二階堂を副総裁に再任する気はないのだが……）

中曽根は二階堂のことで自らが積極的に動く気持ちはまるでなかった。

その日の午後、自民党の両院議員総会で中曽根再選が満場一致で了承されたあと、中曽根は首相官邸で待機していると、二階堂から電話がかかってきた。

「私の副総裁のことだが、総理はなにか渋っているとか……」

「田中派が幹事長と副総裁とをとるということに、福田さんの方にも反対があるんですよ」

「なんだって……。方とはだれのことだ。バカなことはいわんでもらいたい」

二階堂は、ドスのきいた口調で、中曽根に迫っていた。

「いますぐにではなくて、六十年一月の定期党大会まで待ってもらえませんか。党則の解釈では、大会で了承を求めることになっている」

「冗談じゃない。党則の解釈だなんて……。田中派は私を推しているのだ」

二階堂の気合いをこめた一言によって、中曽根はついに副総裁の再任を了承した。再任決定の

報を聞くと、二階堂は、

「副総裁でいなければただの老人だ。副総裁でいてこそこれからもな……」

と、折からかかってきた、野党幹部への電話にそう答えていた。

二階堂は、二階堂擁立がつぶれたその瞬間から、新たなる意欲をもやしている。

秋の日が落ちるのは早い。夕闇に包まれた首相官邸前の庭には、新聞、テレビ各社のテントが立ち並んでいた。

午後九時すぎ、党内各派との事前の折衝も終わったところで、首相執務室には金丸ら新三役が集まってきた。

副総裁が決まった二階堂もいまは機嫌を直してやってきた。幹事長代理留任をいい渡され、不満ながらこれを引き受けた渡辺美智雄もやってきた。

中曽根はすでにでき上がっていた閣僚名簿を官房長官留任の藤波に手渡すと、新閣僚を官邸に呼び込むよう連絡を命じた。

そのころ、第二議員会館四階、廊下の一番奥の部屋では、福田派村田敬次郎が、支持者や記者たちに囲まれながら、吉報の到来を待ち構えていた。

村田は、前回、入閣確実とみられながら、陣営の選挙違反騒ぎで入閣を逸していた。今度こそはということで、さっきから夜食のカップラーメンをたべながら待ちかまえていたのだ。そこに官邸からの電話が……。

「皆さん、きました！　では官邸に行ってきます……」

村田は秘書の大羽錠幸を伴うと、まるで飛ぶような足どりで官邸へ出向いていった。村田が任命されたのは、通産相である。思いもしない大役に、村田は、その夜、喜びと興奮をいつまでもとめられない思いだった。

しかし、内閣改造にはいつの場合も、喜びがあれば悲しみもある。前回は村田が貧乏くじを引いたとするなら、その夜、今度は悲運に見舞われたのは、河本派の藤本孝雄だった。

藤本は当選七回、だれもが今度は入閣確実とみていた。

そこで藤本自身は、東京・三番町にある河本事務所の河本の部屋で、夕刻から河本と共に官邸からの呼び出しを待ち受けていた。河本と二人で、ウドンをたべ、NHKテレビのドラマ「宮本武蔵」をみながら、時間を過ごしていた。

しかし、午後九時をすぎて、呼び出しは別室にいた当選六回の山下徳夫の方にきた。

藤本は信じられない思いだった。しかし、決まったものはどうしようもない。

「山下君、私の分まで含めて大いに頑張って下さいよ」

といって、藤本は山下を気持ちよく送り出した。

しかし、中曽根が決めた人事に対して、だれよりもがっくりきていたのは、目白の田中だった。田中は、今度ばかりはほとんど人事の決定に対して、口を入れることができなかった。二階堂擁立による支配力の低下が、ここに明らかに現われていた。

第一に、党三役人事では、幹事長起用が思うままにならなかった。

第二に、裁判との関連で、法相には親田中の奥野誠亮の起用を欲していたのにこれも実現しなかった。新法相に任命されたのは、鈴木派の参院議員嶋崎均であった。

辛うじて、田中派は、入閣ポスト六だけは確保していた。竹下、後藤田の留任に加えて、佐藤守良（農水）、左藤恵（郵政）、竹内黎一（科学技術）、河本嘉久蔵（参院、国土）の新入閣四人であった。

田中は本来なら竹下を外して、腹心の小沢（辰）を重要閣僚で送り込みたいところだった。新潟から、新人高鳥修も入れねばならぬところだった。しかし、それらも実現しなかったのである。しかも新入閣の四人は、いずれもとび抜けての重要ポストというわけでもなかった。この点が、田中の第三の支配力低下であった。人事は完全に中曽根―金丸主導によって決定されたのだ。

「まあまあそうはいっても、副総裁と幹事長をわが派で押さえたじゃないか」

田中は表向きは機嫌よくそういったが、内心の不満はかくせないところだった。

（中曽根の野郎！　金丸の野郎！　このままではすませないぞ）

田中はそう思っていた。そしてその手段としては、やはり二階堂と早急にヨリを戻さねばならぬと考えていた。

第V章 「創政会ショック」と入院

〝まだまだ竹下には渡さん！〟

「いやあ、二階堂擁立劇にはぶったまげたよ」

　田中角栄は、五十九年十月二十九日、東京女子医大病院に入院中の田中六助（当時幹事長）を見舞った時に、開口一番、そういった。その日はすでに中曽根の再選が確定したあとであったが、田中（角）は率直に、今度のことの衝撃を語った。

（だから、前から私は警告していたのに……）

　ベッドの上で、田中（六）は無言のまま力なく笑った。田中（六）は、そのあとも入院を続けたまま、六十年一月三十一日死去するのであるが、〝政界の魔術師〟とまでいわれた田中（六）には、もう政局を左右する力はなかった。

「造反は、これで三回目だよ」

　とも田中（角）はいった。二階堂やそれを支持し、擁立した田村元らに対する田中の不快感は隠せないところだった。

しかし、中曽根は金丸と結んで総裁再選後の政局運営に当たろうとしている。

これに対抗しまき返すにはどうしたらいいのか。

「オレは、中国の鄧小平みたいなもんだ」

田中は前にそういったことがあったが、とにかくどんな苦境に立っても、これをはね返し、鄧小平のように不死鳥の如くよみがえり、力を保持し続けようとするのが、田中の決意だった。それにはどうしても二階堂を自分の方に再びとり戻すしかない。

田村元などは、擁立劇に失敗したあと、

「そむいても、理われにあり　秋の雨」

などといっている。これはかつて林譲治が鳩山一郎と別れて、吉田自由党と行動を共にした時作った句である。田中にすれば腹立たしいばかりの思いであったが、といって二階堂や田村らを切り捨てるわけにはいかない。そんなことをすれば、さらに自分で自分の首をしめることになってしまうのだ。

田中にとって最大の気がかりは、金丸と竹下の動向だった。

（寝首をかかれるようなことがあってたまるか。まだまだ竹下には渡さん）

と田中は思っていた。

十一月に入って冷え込みは日を追って厳しくなった。二階堂擁立劇失敗以後、二階堂が目白を初めて訪れたのは、冷え込みを感ずるようになった十一月五日の朝だった。

目白邸には早朝から新潟からの客が多数詰めかけていた。田中は二階堂の顔をみると、いかにも上機嫌を装い、選挙区の後援者に、

「この人が自民党総裁を辞退された二階堂さんです」

といって紹介した。

二階堂の方も二階堂の方で、

「私と田中さんとは夫婦のようなものです。運命共同体ですから心配はいりません」

といって、田中の後援者に向かいしばらくの間挨拶をした。早くも手打ちのような構えである。

同夜、ホテルニューオータニでは、田中派の元厚相林義郎の激励会が開かれる。

田中も二階堂も予定の時間より大幅に遅れて会場にやってきた。

「やあ、やあ」

と二人は衆人環視の前で握手をかわした。

田中は壇上での挨拶を終えると、二階堂のそばに寄り、なにごともなかったように語りかけた。

「こういう会合では、アルコールは水割り二杯と決めているんだが、つい四、五杯は飲んでしまうんだよ」

二階堂はニヤニヤしながら耳を傾けていたが、ふと話が途切れてしまうあたりに、両者の修復にはなお一つ心理的にひっかかるものがあることをのぞかせていた。

「長い友人だもの。話をするのは当たり前だろう。なにもありはせん」

二階堂はそういい残して、会場を去っていったが……。

しかし、時間の経過というものは、人と人との傷あとをなによりも有効にうめてしまうもので、田中と二階堂との関係もまた例外ではなかった。

これには五日の朝、田中が自邸で二階堂と会った時に、

「一年後にはなんとかするよ」

としたり顔にいったのが、二階堂の気持ちを柔らげる面があったのかもしれない。

田中は二階堂との修復を急ぐ一方で、そのあと再び政局の主導権をとり戻すための言動を続けていた。

「来年五、六月ごろには解散、総選挙となるかもしれない。もう一度、衆院選、参院選をやれば、田中派は百四十人から百五十人になる」

と、豪語したのはその現われであった。十一月六日、衆院当選一回の議員たちと朝食会を開いた時に、田中はわざわざ外にもれるように、強調したのだった。

その言葉にあわせるように、田中は再び田中派議員拡大のための積極的な動きも開始していた。

元中川派議員でいまは無派閥になっている参院の高木正明（北海道選挙区）に入会を勧め、さらにやはり参院の福岡日出麿にも手をのばした。

高木に至っては、十一月一日を皮切りに何回も目白に呼ばれ、ある時は、札束を包んだ分厚い

ふろしき包みを有無をいわさず手渡されたこともあった。田中派は高木の入会によって、衆院六十六人、参院五十四人の計百二十人（田中と参院議長木村睦男を含む）になった。

しかも、田中はそのあとも無派閥議員とみると、糸山英太郎、近藤豊、熊谷弘、山崎竜男らにも呼びかけを続けていた。田中派の中でどんなに強い反対があっても平気だった。

ある時は、いまは金丸直系といわれている副幹事長の浜田幸一が顔をみせると、

「オイ、君もわが派に入れよ」

と誘った。

「エエッ、それ冗談でしょ？」

と浜田が答えると、田中は、

「いいや、オレは本気だ」

と真顔でいうのだった。

田中にとってはみえも外聞もない。ひたすら数の膨張政策によって、落ちた威信を回復しようとはかっているのだった。

十一月も末になると、東京にも木枯らし一号が吹いた。イチョウの落葉が舞い、もうコートなしではいられない季節になった。

田中と二階堂と、さらに玉置和郎、佐藤隆、桜井新が、東京・赤坂の高級料亭「口悦」に次々と車を乗りつけてきたのは、師走に入って間もない十二月五日夜のことである。

料亭「口悦」は、「たん熊」「若林」「三浦」「新長谷川」「鶴なか」と共に、日商岩井ビルの一

本裏の通りの料亭街のまん中にある。俳優渡辺文雄の夫人が、女将としてこの店を経営している。

一階の座敷「たちばなの間」に通されると、柔らかな照明の下に、大きなテーブルとゆったりとした座イスが置かれている。ガラス戸越しにみえる庭の植え込みにも、照明が投げかけられていた。一晩、一人六、七万円はするというのであるが、政界人の密談場所としてはおあつらえ向きである。

その夜は、田中と二階堂との修復をさらに深めようとのねらいで、玉置が佐藤、桜井もいっしょに招いたのだった。

田中は至って上機嫌で、ひとりでしゃべりまくった。戦後政治の歩みを裏話をまじえていろいろと披露した。

「岸、池田、佐藤などの内閣も実はみんなオレが辞めさせたんだ。死んだ中川一郎君にもオレは軽井沢で忠告したのに、あんなことになった。

まあなあ、オレのヘリコプターにいっしょに乗っていれば死ぬことはなかったんだよ」

田中はそういって、二階堂の方へ向き直ると、

「まあまあ、心配するな。次は君だよ」

と激励するような口ぶりで断言した。その瞬間、玉置や桜井たちも料理にのばしていた箸を止めて、じっと田中と二階堂の方を見やっていた。

「次は君だよ」——田中のこの発言に、二階堂は大いに力づけられるところがあったのであろ

う。

「口悦」の会談のあとしばらくすると、二階堂は親しい議員たちに対して、

「田中サンから、次は君だといわれているんだ」

ともらすようになった。話は政界の中にじわじわと広がり、週刊誌の報ずるところともなった。

金丸信の焦燥

その結果が、実は金丸や竹下たちの行動を促す一つの引き金となったのである。

（田中は、次は二階堂擁立でいこうとしている。となったら、竹下の時代は、いつになったら来るのか）

という深い焦燥と不安だった。

金丸と竹下だけではない。その周囲にはかねて竹下への世代交代を欲する田中派議員たちもたくさんいた。しかし、田中の強大な発言力と支配力の前に沈黙を余儀なくされていたのである。しかし、もう黙っていられる段階ではなかった。このまま再び田中の突っ走りを許せば、竹下の芽は永久に摘まれてしまうかもしれぬのだ。

とくに、幹事長になったばかりの金丸にとっては深く期するところがあった。

金丸はかねがね熱心な世代交代論者である。もう日本の政治の最高指導者は、六十代や理想をいえば五十代の若いリーダーに託さねばならぬと考えていた。

大平正芳が、ハプニング解散のあと打って出た五十五年六月のダブル選挙の時も、金丸は実際は選挙後一気に世代交代のノロシを上げるつもりだったのだ。それが、大平の急逝によってもくろみ倒れとなった。

その後、鈴木から中曽根政権へと推移して、中曽根のあとは竹下なり安倍なりのニューリーダーに政権を回そうというのが、金丸のいまでは固い信念でもあった。

金丸は表向きは「中曽根のことは本当はあまり好きでない」といっていた。しかし、こと世代交代への橋渡しには、中曽根にひと役果たしてもらわねばと考えるようになっていた。

そこで、第二次中曽根政権発足（五十八年十二月）に際して自分が党総務会長になると、そのあと極秘に中曽根との接触も深めていたのである。

「これだけの激動期だ。もう年寄りの出る時代ではありませんよ」

「おっしゃる通りです。私もいつまでも長くやるつもりはありません。私のあとは竹下君や安倍君の時代です。私は角さんを説得してでも、ニューリーダーへの橋渡しをするつもりです。ですからどうかその間、私に協力して下さい」

金丸と中曽根がこう語り合って、最初の極秘会談をしたのは、五十九年二月三日の夜だった。東京・築地の料亭で二人だけで会ったことがあるのである。

そんな伏線があったから、秋の総裁選挙の時には、金丸はチャンスとみると、自ら先頭に立って中曽根再選への調整に動いた。

「中曽根を再選させて力をつけさせれば、オヤジ（田中）の力は相対的に減じるだろう。そうしてオレは幹事長をとり、世代交代へ動く」

金丸がそのころ周辺にもらしていたのは、金丸一流の読みからだった。そして、金丸の思惑はズバリ的中し、見事に幹事長にも就任したのである。

それが、再び田中（角）が二階堂とヨリを戻し、派閥を拡大して二階堂擁立に走るようでは、時代の歯車はまたまた逆転してしまうではないか。金丸の心には、強い不安が刺すように走った。

そこで、竹下とも連絡をとり、金丸、竹下二人が深く信頼する、田中派中堅の行動派梶山静六を招くと、秘中の秘を打ち明けた。

第百二通常国会は五十九年十二月一日に召集されている。

十二月十三日には、衆院本会議が開かれ、日ソ漁業協定の締結承認問題の議事が進んでいた。

「あのなあ、近く竹下さんのための集まりをやるからな」

梶山は自分の議席を離れると、田中派議員の何人かに対し、さりげなく耳うちするように囁いて回った。耳打ちを受けた議員たちは、それだけでピンと来て、表情にはいっぺんに緊張感が走った。

冬至（十二月二十二日）を前にした季節のころだから、日暮れはあっという間にやってくる。

金丸、竹下、梶山、小渕恵三、羽田孜、衆院議運委員長の小沢一郎、参院議運委員長の遠藤要らが極秘に集まったのは、十二月十九日のもう周囲が真っ暗になった時刻である。

金丸は東京・赤坂のフランス料理店が日ごろからお気に入りで、ここに竹下たちを集めた。

「オヤジ（田中）はあと十年間は頑張るといっている。しかし、そんなことではいつになったら若いもんの時代はくるのか。オレは竹下がもう決意すべき時だと考える」

金丸はこういって、集まった小渕、梶山らの顔を見渡した。小渕らにももちろん異存はない。それではということで、派内の同志の中からメンバーをよりによって「十二月二十五日に会合」を決定した。

金丸はこのむねを、翌日昼、都内のホテルに安倍を招くと安倍にだけは知らせている。中曽根には慎重を期して知らせなかった。田中（角）はもちろん知るよしもなかった。

十二月二十五日の会合場所は、東京・築地の料亭「桂」である。ここも金丸が日ごろからひいきにしている料理屋である。

金丸、竹下、橋本、小渕、小沢、羽田孜、梶山、それに参院の梶木又三、遠藤要ら全部で十八人だった。

金丸がまず口火を切った。

「竹下を育ててもらいたい。オヤジ（田中）に歯向かうつもりはないが、新派閥の旗揚げということで、オヤジからは強い締めつけもあろう。しかし、世代交代の流れは止められない。運命共同体と思って覚悟をきめて頑張ってほしい」

金丸が一同に向かって頭を下げると、竹下も決意を込めた表情で、

「一身を国家にささげる所存だ」

といった。竹下の決意を聞いて、出席者たちの目は、興奮でキラキラと輝いた。

それにしても、情報が田中にキャッチされれば、猛烈な反発をくらうことは必至であろう。出席者たちは「ギリギリまで極秘に事を進めよう」と申し合わせ、さらに人集めの基準として、

一　中堅、若手議員を軸にする
二　外様組は原則として外す
三　新潟県選出の議員には呼びかけない

——などの点を決定した。

秘密は完全に守られていた。

〝二階堂議長〟をめぐる抗争

ほどなく年が明けて、昭和六十年の元旦を迎える。全国的に穏やかな日和に恵まれて、各地の神社仏閣への初もうでは、史上最高の人出と報じられていた。

やがて、田中派内部から政局激動のうねりが生じてこようとは、露ほども思えぬ新春の訪れであった。

「ヨッ、おめでとう。まあ、やってくれ、やってくれ」

田中は元日の朝、午前八時半前に母屋から事務所棟のホールに姿を現わすと、年始客たちににぎやかに声をかけて歩いた。いつもの年と、そのようすはまったく変わりがなかった。

年始の議員たちは、一番乗りの田村元に続いて農水相佐藤守良、総務庁長官後藤田、蔵相竹下、林義郎ら……。副総裁二階堂も黒塗りのリンカーンコンチネンタルに乗って門をくぐった。

昼すぎには、中曽根派会長の桜内義雄もやってきた。しかし、体調がすぐれないということで、金丸の姿だけはなかった。

田中は、年始客たちから新年の挨拶を求められると、

「沈黙は金なり。酒を前にして長い挨拶をするバカはいない」

と前置き、ひときわ声を大きくすると、

「謹賀新年、正月元旦」

とだけいってやめてしまった。

「あとは竹下君、君がやれ」

というのだった。

田中は、金丸と竹下の動きになんにも気づいていないから、支配力の保持に特別の不安感を持っていなかったのである。

だから、一月二十四日の夜、田中派恒例の新年パーティーがホテルニューオータニで開かれた時も、田中は大はしゃぎだった。

遅れてきた蔵相竹下を見つけると、田中は、

「金も出さない、歌も歌わないではだめだ」

と竹下に歌を強要した。

竹下は渋々、マイクの前に立つと、

〽十年たったら竹下さん……

と自作のズンドコ節を久しぶりで披露すると、会場からは、「ホホウ……」との一種の驚きと共に大きな拍手がまきおこった。

田中自身も上機嫌のうちに

〽湯島通れば思い出す……

と「湯島の白梅」を歌い、

「ああ、きょうは久しぶりで楽しかった」

といい残し、会場を引き揚げていった。

しかし、田中の前で、「十年たったら竹下さん……」と得意のズンドコ節を歌った竹下は、その前日、実はかねて準備を進めてきた二回目の重大な秘密会合を開いていたのである。

その日は、数日来続いていた寒気が緩んで東京は三月上旬なみのポカポカ陽気となった。東京・文京区の湯島天神では、境内の白梅が早くもほころび始めていた。

一方でその日は、またちょうど衆院議長の後任人事問題が決着をみた日でもあった。

というのは——。

元日の朝に話はさかのぼるのであるが、宮中の新年祝賀会に衆院議長福永健司は車イスに乗ってやってきた。

そのさまを見ていた政界人たちは、

「よほど体調がすぐれないのだなあ。下旬には、通常国会が再開されるというのに、あれでは無理だなあ」

とささやきあった。しかし、福永は議長に就任してまだ一年少しである。議長の座にはそれなりの執着があった。

問題は一月二十五日、国会再開冒頭に天皇陛下をお迎えして行なわれる開会式を無事つとめられるかどうかである。

そこで、一月二十一日夕、福永は参院の本会議場で開会式のリハーサルをやってみたのであるが、階段をうしろ向きで降りる時に、二、三回ヨロヨロとよろめいてしまった。このため、福永はやむなく辞任を決意、急ぎ自民党内で後任が選ばれることになった。

福永の体調不振が伝えられたころから、田中（角）はいち早く、中曽根派の長老原健三郎を後任に推していた。

「原健はあれはいい奴だ。一度は議長に……」

と田中は原に友情を持っていた。

しかし、幹事長金丸、蔵相竹下らは、まったく別の考え方だった。

（総理が中曽根で、議長も中曽根派の原となっては党内がおさまらない。それに中曽根が早期解散に打って出ようとする時に、原ではこれをくいとめられない）

ということであった。金丸や竹下は、一月の早い段階で「福永辞任」を見こし、後任には副総裁二階堂の議長就任を構想していたのである。金丸、竹下は二階堂に対し、直接その打診にもあたってみた。表面には出さなかったが、中曽根も内心「二階堂議長」には賛成であった。政権ゆさぶりをねらう二階堂を棚上げすることができるからであった。

しかし、金丸、竹下の意図に気づいて田中は激怒した。

（これから二階堂を総理・総裁として押し上げようとしている時に、そのタマを奪われてなるものか）

田中の怒りは、中曽根に対しても向けられていた。中曽根の意を体してか、幹事長代理渡辺美智雄が「二階堂議長」を打診にきた時も、田中は、

「出たくないというものを出すわけにはいかん」

と一蹴した。

二階堂も、中曽根と金丸、竹下ラインによる棚上げ構想には、怒りがカッと頭にのぼるような思いを深めていた。

「中曽根首相は直接、私に要請してくるのではなく、第三者からごちゃごちゃいわせる。まことに不愉快だ。だれがこんな封じ込めに応じられるものか」

と、二階堂は金丸や竹下にもくってかかった。

このために、議長の後任人事は一時は井出一太郎（河本派）起用説も出たものの、結局は一月二十三日夕、無難な坂田道太（当選十六回）の就任内定でやっと落着することになったのである。

それでも、田中（角）は最後の最後まで抵抗した。坂田が悪いというのではないが、あくまで原健三郎の起用を求めたのである。

「原の議長就任はかねて中曽根との間で約束していたことなのだ」

と、田中は電話を通じて金丸に対しケンカ腰で迫っていた。しかし、金丸はこれを井出の議長起用説とあいうちのようなかたちでついにつぶしてしまったのである。

田中にとっては、先の中曽根改造政権の時に次ぐ敗戦であった。人事決定をめぐる田中の発言権はまたしても大きく後退する結果となった。

それにしても、かげの実力者田中のゴリ押しはものすごい。田中の存在があればこそ、後任議長人事の選定は、最後の最後までもつれたのだ——。

一月二十三日は、そういう政界劇の一幕もあったのである。金丸や竹下にとっても、改めて田中の存在を思い知らされた一日であった。

であればこそ、一月二十三日夜、再び東京・築地の料亭「桂」の玄関に入った時の金丸や竹下らの表情は緊張にみちみちていた。

この夜は、二十五人が集まった。前回に比べ参院側からの参加がふえている。

竹下擁立のための新グループの結成が、いよいよ具体的に動き出したのはこの日の会合である。

会名をどうするか、十いくつかの名前が候補になり議論もかわされた。

「竹下さんの後援会誌『創政』の名前をそのままとって『創政会』としたらどうか」

といったのは梶山である。そうだ、それがいいということで衆議一決、新グループの名称は、「創政会」とすることになった。

竹下の後援団体（新産業経済研究会）が、機関誌「創政」を発刊したのは、五十二年五月からである。隔月刊で八十ページほどの雑誌を出しており、六十年七月発行号でちょうど五十号を数えた。

「創政会」の名称は、この機関誌名をそのまま生かすことにしたのだった。

会の名称も決まって竹下は、さすがに緊張気味だった。

「私の政治家生活はこれまで非常に充実していた。しかし、これからもそうありたいと思う。今後は私の身柄を皆さんに預け、私自身も全力を尽くしたい」

と、感激の面持ちで挨拶した。

この夜の「創政会」実質旗揚げの秘密会合を中曽根は翌日あたりには早くも知っていたという。

「創政会」旗揚げの衝撃

しかし、田中は知らなかった。情報キャッチに機敏な田中とすればまったく不思議なことである。田中にも力の大きなかげりが生じてきたのであろうか。

翌二十四日、田中派の新年パーティーでは、前夜「桂」に集まった議員たちは、なにごともないかのように田中とも歓談していた。

「桂」に集まった議員たちの中核メンバーが、それぞれ手分けして「創政会」への参加勧誘に動き始めたのは一月二十五日からである。動きはいぜん極秘のうちにということであった。そのメンバーも固めた上で、竹下自身が月末には田中に会って報告し、了承も求める手はずになっていた。

しかし、そこまで行動が活発化していて、動きがもれないわけがない。読売、産経などの感知するところとなって、一月二十八日付け朝刊にその記事が出るのは避けられないところとなった。

このため、「目白への事前了解を急げ」と指示を下したのは金丸である。

一月二十七日の日曜日、竹下は故左藤義詮元大阪府知事の葬儀のため、大阪にいた。田中も同席している。東京の金丸からの連絡を受けた竹下は、その席で田中に対し帰京後、目白台の田中邸を訪問したい旨を伝えた。

同夜、竹下は新幹線で東京駅に着くとそのまま田中邸へ向かったのである。

「そろそろ政策勉強会を始めたいと思っています。派中派を作るものではありません。これまで全国で進めてきた後援会作りもさらに進めたいと思っています」

竹下の語るところを田中はウイスキーを飲みながら聞いていたが、あっさり了承し、むしろ激励するようなかたちでいった。

「わかった。結構だ。足下をよく見つめ幅広くやれ。政策勉強会というからには、稲門会（竹下の母校早大の同窓会）のような考えではだめだぞ。最初の講師は田中角栄だ」

ということで「創政会」の初会合は、参加七、八十人によって都内のホテルで二月七日に開かれる運びになった。

竹下は田中との会談のあと、鹿児島に帰郷中の副総裁二階堂にも電話を入れ、了承を求めた。

「どんどんやれ。オレみたいなものに気を使うことはないよ」

と、二階堂はいった。

一月二十八日の朝刊や夕刊が竹下「創政会」の旗揚げを伝えるのをみて、その日、田中事務所には田中派議員が次々とかけ込んできた。田中はこれらに対し、

「田中派は自民党の中心だ。もっともっと勉強せにゃいかん。勉強会はどんどんやったらいい」

と答えていた。

次の日の二十九日夜も、田中は田中派の衆院当選一、二回議員との懇親会の席で、

「政策研究なのだから、みんな入ればいい。どんどん入ればいい」

と語っていたのである。しかし、田中は実のところ、竹下グループの旗揚げに心中穏やかでないものがあった。だから、田中がものわかりのいい態度を示したのは、ここまでであった。

翌三十日になると、田中は態度をがらりと一変させた。そして、竹下「創政会」つぶしのための凄絶な工作が始まった。田中はその後、あらためて情報をとった結果、「創政会」が田中に対する奪権闘争の性格のものであると断じたのだった。

三十日午後、田中事務所を次々訪ねてきた玉置和郎らに対して、田中はいまでは敵意もあらわに興奮気味に語っていた。

「竹下はまだ十年早い。あと二、三回選挙で苦労してからだ。太政官制度発足以来（竹下のように）県議出身の首相はいない」

「竹下は一月二十三日の会合で、参加者にカネを配ったそうだ。けしからん」

田中はかつて佐藤政権末期に自らが佐藤に対して行なった奪権闘争のやり方が、今度は自分に対してなされているのだということに怒りを感じていた。自分に対しては認めても、他人に対しては認めたくないのだ。

その間、「創政会」に参加すると約束した議員は、衆参両院で八十人余に達している。彼らの多くは、世代交代をめざし、次の政権担当者として竹下を擁立しようということであったが、もう一つは田中の派閥膨張政策にも大きな不満があるのだった。

そのことがとかく派内の閣僚就任人事をめぐってゴタゴタを生み、派内に不満を生んでいることにも田中は目をつぶり、耳をかそうともしなかった。

とくに、五十九年秋の第二次中曽根改造政権発足の時のこと。その年の六月に田中派に加入したばかりの稲村利幸（当選六回）が、

「今度は私も入閣を……」

と田中に求めた。田中は今度はまだ早いということで、稲村の要望を抑えてしまったが、田中派の閣僚推薦名簿には入れておこうと約束した。

ところが、田中派事務総長の小沢辰男が発表した名簿には稲村の名前はなかったから、稲村はカッとなった。そこで、月刊誌や週刊誌に小沢弾劾の手記まで発表した。

こんなことは鉄の結束を誇った田中派にはかつてないことであった。根っからの田中派議員にとってはまるで恥さらしのようなものであったが、田中はこのことも不問に付し、中に入って稲村と小沢を手打ちさせた。

「稲村入会の時には、われわれも反対した。入閣を欲して入ってくるのはわかっているんだから……オヤジの派閥膨張策の無理がこんなところに出てきているんだ」

田中派内にはこういう批判の声もあったのである。「創政会」の旗揚げの背景には、そうしたことも作用しているのであるが、田中はもちろん気づこうともしない。

田中の心の中にあるのは、竹下や金丸や、そして「創政会」旗揚げの主力となった橋本、小渕、梶山、小沢（一郎）、羽田らに対する強烈なまでの怒りだった。

「橋本はだれのおかげで若くして閣僚になったのか。梶山、小沢（一郎）、羽田らが政界に入ってここまで育ったのはだれのおかげと思っているんだ」

田中は、腹心の小沢（辰）らに向かうと、腹の中の憤懣をぶちまけた。田中邸内の事務室に報告にきた小沢（辰）に対して、田中は、

「お前がだらしないからこんなことになるんだ！　なにが事務総長か！」

とガンガンと怒鳴りまくった。そばで聞いているものが、その怒声をそのまま耳にしているには耐えきれないくらいだった。そのもようをのぞいてきたものは「角さんは、平清盛が腸チフスにかかったようにマッカッカだ」といった。

田中は、三十一日朝、田中派会長の二階堂を私邸に招くと、「創政会」への参加を抑えるよう指示している。

二階堂は承知した。二階堂もいまや田中といっしょだった。すでに昨年来、田中とのヨリを戻していた二階堂は、「創政会」問題を機によりいっそう、田中と密着した。再び二階堂は田中の

忠臣であった。二階堂は小沢辰男、後藤田、江崎真澄、田村元、山下元利らとも協力して、竹下、金丸、橋本、梶山らを中心とする「創政会」勢力と対決していくことになるのである。

この間、「創政会」に参加することになった議員の間にも不満や動揺がないわけではなかった。

とくに、一月二十三日、築地の「桂」の会合に呼ばれなかった議員たちの中には、

「二十三日に集まった連中が第一次募集組で、オレたちは二次募集組か」

という自嘲もあったのである。

たとえば前厚相渡部恒三。渡部は早大で竹下の後輩であり、かねて竹下とは親しい。

「竹下内閣ができたら、オレが官房長官」

と内心、思っていたりしている。

事実、五十九年十一月七日夜、渡部の激励パーティーが開かれた時には、幹事長金丸は、

「渡部君は官房長官をやりたいと言っている。だれの内閣の官房長官か知らんがねェ」

とニヤニヤしながら挨拶したこともあるのである。

金丸の挨拶はもとより、「竹下内閣」の「渡部官房長官」をさしていたわけであるが、そんなことがあるから、竹下も金丸も一次募集組に渡部を呼ばなかった。これは渡部が目白の田中とも親しくツウツウだということを心配したためだった。そのことに、渡部は大きな不満を残していたが、しかしいつまでもそうはいっておれないから不満を乗りこえ「創政会」に参加することにしていた。

参院自民党国対委員長斎藤十朗の場合も、同じようなものだった。

斎藤の夫人昭子は、表千家宗匠の実妹にあたる。斎藤夫妻の仲人をしたのは竹下である。そんなこともあって、毎年年初めの表千家の初釜には、竹下や小渕らも招待される。初釜の席で、当然、斎藤とは顔を合わせたわけであるが、「一月二十三日」会合のことはだれも斎藤には知らせなかった。斎藤も苦い不満を残していた。

五十八年末の総選挙で参院から衆院へ転じた若手の戸塚進也（静岡一区）もそうだった。選挙中には竹下も応援にかけつけてくれたし、かねがね竹下が動く時にはと思っていた。戸塚の場合は、

「竹下内閣ができれば官房長官といっては恐れ多い。まあ私は官房副長官……」

というのがその決意でもあった。しかし、一次募集の選にもれて心理上のとまどいは残ったものの「創政会」には決然として参加していた。

このような事情がそれぞれにあったのも事実だから、田中や二階堂らからの切り崩し工作は猛烈をきわめていた。次の総選挙を機に対立候補を立てるぞ、公認がどうなるかなどとの脅しもちらほらと流されたりしていた。

「創政会」初会合の二月七日を前にした二、三日間はとくにすごかった。羽田孜は切り崩しに応ずる気はまったくないものの、夜、ある会合に出席しているところにも、何度も何度も電話がかかってきた。

「いくら先輩からのお話でも、私は今度のことだけはお話に応ずるわけにはいきません。もうやめて下さい」

羽田はあきれはてたといった表情で電話を切っていた。二階堂からなのか小沢（辰）からなのか、とにかく「創政会」への参加を思いとどまらせようとする電話であった。

「行きつくところまで行ってしまった感じだ。ここまでとは驚いたものだ……」

二月六日夜、田中派事務所にほど近い、赤坂プリンスホテル新館十二階の広間には、竹下、金丸を中心に「創政会」の議員たちが口々にため息をもらしながら次々に集まってきた。一ヵ所に集まっていないと、田中側からの切り崩しになにが起こるかわからないとの心配もあるためだった。

竹下は手酌で杯をチビリチビリとやりながら、集まってきた議員の報告を聞いていた。その隣りに金丸は腕組みをしながら座っている。

「問題はあすの初会合だ。切り崩しにあってあすの参会者が二十人や三十人ということではわれわれはつぶされてしまいますよ」

橋本、梶山らがそう語るのを聞いて、金丸は、

「目白に行って話をしてこようか」

とつぶやく。

「いやいや、そんなことをしたらかえって変な妥協に追い込まれてしまいますよ」

「それもそうだな」

と金丸はいって、再び腰を落ちつけた。その部屋の雰囲気は、まさしく翌日の戦場に臨むようなものだったのである。深夜になって議員たちも三々五々、自宅に引き揚げていったが、電話に

よる双方の争奪戦は、翌七日午前七時ごろまで続けられていた。

〝否応なしに神様が引っ張っていく〟

緊張の一夜が明けて二月七日は、「創政会」初会合の日である。日本列島には南から暖かい空気が流れ込んできたため、東京は朝の最低気温が七度。平年より六・三度も高く、四月上旬なみの暖かい朝だった。

午前八時の定刻を前に、参加議員たちが東京・平河町の木曜クラブ（田中派）事務所に次々と集まってきた。最初は都内のホテルで開く予定だったのを、二階堂と竹下らの話し合いによって、派閥事務所を使うことにしたのだった。

参加議員はその数ちょうど四十人。だれがなんといおうと、事実上、竹下派の旗揚げである。自民党はもちろん政界全体の流動化や世代交代を促す新しい動きとして、ここ数年の政界の動きの中で、もっとも注目されるものであった。

入会届けを出していたのは、衆院四十四、参院三十九の八十三議員。そのうち衆院二十九人、参院十一人の計四十人が出席。これは竹下や金丸にとってまずまず面目の立つ数字である。田中の側からの激しい切り崩しをはねのけて集まったわけであるから、四十人の決意もまたきわめて固いとみるべきだった。

竹下は、初会合に臨んで、

「この日を深く心に刻みつけて、さわやかな勉強会として進んでいきたい。これからの生きとし生ける身柄を燃焼していかねばならない」

と決意を表明した。

すでに事前に内定していたことであるが、「創政会」は竹下を会長とし、次の幹部人事を決めて約三十分間で散会した。とにかく、次期政権へのねらいを込めて、四十人が集まったことに大きな意味があったのである。

▽副会長＝橋本龍太郎（衆院）、梶木又三（参院）
▽事務局長兼幹事＝梶山静六
▽幹事＝小渕恵三、山村新治郎、小沢一郎、羽田孜、渡部恒三、村岡兼造、田原隆、野中広務、額賀福志郎（以上衆院）、斎藤十朗、遠藤要、中村太郎、井上孝、志村哲良（以上参院）、（なお斎藤は初会合に出席しなかったが、幹事として登録された）

さんざん派内でもみにもんだ末「創政会」がついに発足することになって、田中の気持ちはもちろん収まらなかった。

竹下が「創政会」グループの結成にあたって、一次募集組の議員に三百万円、その後の二次募集組に二百万円配ったとマスコミに伝えられたことに対し、田中はとりわけ怒り狂っていた。

「竹下が一億八千万円で派閥を作ろうなんてするのは図々しい。田中は一回の選挙に五十億円はつぎ込んできたのだ」

田中側近の一人が、なにを根拠にどうやって計算したのかわからぬが、そうもらしたというのも、田中の気持ちを代弁していた。

「創政会」批判の立場に立つ小坂徳三郎が、「創政会」発足のことでマイクを突きつけられると、

「なんか金が動いたと聞いているが……」

と公然と語ったのも、田中サイドの感情のおもむくところをよりよく示したものだった。もっともその田中側も切り崩し工作の中では、田中事務所に顔を出した議員に五百万円を渡したケースもあると、新聞には伝えられていたのであるが……。

ともあれ、前年秋の二階堂擁立工作、そのあとの中曽根改造人事の不首尾、さらに年が明けて衆院議長人事の失敗に続いて、田中の力の低下がここにまた一段と進んだのは明らかだった。田中支配は明らかにタガが緩んできたのである。

田中にとっては、いまではなおのこと、二階堂の存在と力に頼る以外にない状況となってきた。田中派内で竹下と金丸ラインの勢力に対抗するには、二階堂を前面に押し立てる以外になくなったのである。田中は表面、冷静をよそおいつつも、心のうちでは必死の思いだった。

「今月一杯は、ゴルフでもやって英気を養うことにするか」

「創政会」の初会合が終わったあとでは、田中も側近の幹部に余裕のあるところを示していたが、竹下と金丸らにしてやられたとの感情はぬぐえなかった。

このために、二階堂は田中の意のあるところもくんで、田中と竹下との関係修復、つまるところ、〝手打ち〟に動くことになる。

二月十三日朝、竹下は再び目白台の田中邸を訪ねていき、互いに田中派は全体が一つの同心円であることを確認したのだった。

しかし、この時、田中が竹下を前に語りまくったのは、北から南まで全国のこと細かな選挙区情勢のことであった。田中はこれらを通じて竹下「創政会」側に対して、場合によったらこれこれの対抗馬があるぞとの示威をのぞかせたかったのではなかったか。

竹下に続いて、金丸が「創政会」結成以後、初めて田中と顔を合わせたのは、二月十七日だ。金丸は「創政会」誕生の実質的推進者だったが、「創政会は、田中元首相の親衛隊になると思っている」という一方で、「世代交代が時の流れである」と強調することも忘れなかった。

だから、二月十七日夕、東京・日比谷の東京會舘で田中派の参院議員藤井裕久の長女の結婚披露宴があり、田中と金丸が初めて一緒になった時は、互いに気まずいものがあったはずだが、金丸はケロリとして平気だった。

「ヤア、ヤア」

と互いに田中と金丸は握手をかわしたのである。

披露宴のメインテーブルは、田中をまん中に右側に二階堂、金丸、左側に、竹下という席順であった。

田中はこの席でもいかにも快活そうに、隣りの二階堂と語りあいながら、ウイスキーの水割りをぐいぐいとやっていた。

タキシードに蝶ネクタイの竹下の方は、一人ぽつねんと所在なさそうであった。ただし、竹下はその夜、田中らが会場を去ったあとも藤井の長女の披露宴に遅くまで主賓として残っていた。

さらに二月十九日には、「創政会」の中核メンバーとなった小沢一郎、羽田孜、梶山静六の三人が目白を訪ねていった。「創政会」副会長の橋本龍太郎と梶木又三は、すでに竹下が田中を訪ねた時に一緒に田中を訪ねて会っていた。

梶山はなかば冗談めかして、

「クビを洗ってきました」

というと、田中は手を振りながら、

「いやいいんだ。木曜クラブの力を大事にしなければいけない。木曜クラブは土台なんだ。君らは中核グループなんだから……。しかし君らはまだ若い」

などといった。これに対しては、羽田孜が続いて発言した。

「そう言うけど、私ももう五十に手が届く。あと四年で（五十四歳の時）あなたは、総理大臣になったんじゃないですか」

「いや、あの時（四十七年）は平均寿命が短かかったし、人がいなかった」

田中は相変わらず強気に答えていた。しかし、田中の語るところを聞きながら、小沢一郎は、

（われわれだってオヤジがきらいでやっているのではない。オヤジが元気なうちに家督を決めてもらうのがオヤジのためだとも思ってやっている。判断能力が人並みすぐれたこの人のことだから、オヤジは結局のところわかってくれるだろう）

と思っていた。

これらを通じて、田中派内部のあつれきは修復に向かったといわれたのであるが、田中の本心はあくまで竹下に対するあらわな敵意だった。

二月十五日発行の田中の後援会機関紙「月刊越山」（編集兼発行人・早坂茂三）には、一面に「創政会」問題の経緯が掲載された。

「軍団の規律を乱した点、竹下氏らに反省すべきところがあったのではないでしょうか」

「田中軍団をひとつの会社に見たてれば、田中元首相はその『創業者』といえます。『創業者』はその社員の実力、経歴、人柄などすべて見はからいながら、おのおのが十分活躍できるように登用してきました。その中には、もちろん、次の総理・総裁をどうすべきか、という点も含まれており、外国から『田中元首相はキングメーカー』といわれるゆえんです」

「二月十三日朝、竹下蔵相らが目白台の田中元首相を訪れて事情を釈明しました。元首相は『同心円で行く』と語り、この問題に決着をつけました。

時に、逆流のようにみえても、大河はとうとうと海に流れていくのです」

以上のような表現の中に、田中やその周辺が考えていることはよく示されていた。

そしてそのころ、田中の酒量は、はためにもよくわかるほどふえていた。

二月二十五日夜、都内のホテルで羽田孜（自民党総務局長）の激励会が開かれた時にも、田中は記者団に聞かれると、

「二階堂君は一杯、幹事長は二杯、オレは四杯」

といった。なにごとかを酒の中にまぎらわす気持ちもあったのであろうか。

しかも、壇上に立った田中は、こういった。

「世代交代の時代がきた。お前もどうだなんて声がないわけではないが、召される時は否応なしに神様が引っ張っていくのですから心配いらない」

会場をうめた人たちは、田中の挨拶を笑いをあげながら聞いていたが、田中自身は心の奥底にフトなにかを感ずるものがあったのであろうか。

翌二十六日夜、田中派の閣僚経験者の集まりである「さかえ会」が東京・赤坂の料亭「川崎」で開かれた。「川崎」は「千代新」と共に、田中が赤坂で気に入りの料亭である。

田中はすでにどこかで一杯やってきたのか、赤い顔をしてやってきた。二階堂ら二十九人が出席したが、竹下は予算審議のため欠席している。

二日前の二十四日に行なわれた徳島市長選では、後藤田派の新人候補が、三木武夫派の候補を破って当選したこともあり、出席者たちは後藤田のため何度も声をかけて祝杯をあげた。

田中はもちろんこれに和してウイスキーを傾けている。

田中は挨拶を求められると、創政会問題については全くふれず、六十一年の参院選の話をした。

「衆院は前回の解散・総選挙からまだ一年二ヵ月、その話はまだ先のことでございます。いまはそれよりは来年夏の参院選だ。田中派は現職二十四人、新人四十一人の六十五人を立てるつもりだ」

といい、田中は各地方区別にことこまかな説明をした。ひところ、六十年夏には解散・総選挙もと述べていたことは、修正したわけだった。

田中は、この日の会合の一週間ほど前に、新たに熊谷弘（衆院、静岡三区）と山崎竜男（参院、青森選挙区）を田中派に加入させ、総数で百二十二人にのばしている。無派閥を宣言している金丸と、参院田中派の「五日会」だけに加入した福岡日出麿をあわせて総計百二十四人（衆院六十八、参院五十六）になるわけだ。

その上に、来年の参院選ではなお数の膨張をはかろうというのだった。

田中の隣りに座っていたのは、田村元である。田村は、田中が注がれる酒をぐいぐいと飲むのをみて、

「あんまりきょうは飲みなさんなよ」

と注意した。しかし、田中は、

「なんだ、自分はガブガブ飲んでいるくせに……」

といって、聞くものではなかった。

「ところで、きょうはこんな歌をうたわせてほしい」

田村は自ら断わると立ち上がって、得意のノドをふるわせ、

〽……花は大事に咲かそうなァ
と「夫婦春秋」の一節をうなった。田中に対して女房役としての心意気を示したつもりだった。

田中はなにかホロッと目頭をあつくするような表情で、田村の歌に聞き入っていた。

そのあと、田中は、

「賢者は聞き、愚者は語る。きょうからは賢者になる。いつでも何でも話しに来てくれ」

といい残して、「川崎」を去っていったのである。

賢者になる——といい切った田中の心境の中に、いったいなにが動いていたのであろうか。

そして、田中はその翌日、二月二十七日夕、突如として倒れる——。

《創政会ショックと入院》が相次いで田中を見舞ったのだった。

桜の花の咲くころには

六十年二月二十七日、東京の空はうすら寒く暗く曇っていた。

田中は朝から体調が思わしくなかった。三日前の二十四日の日曜日に、寒さの中を一ラウンド半のゴルフをやったことや、連日の飲酒が体調をそこねたのかもしれなかった。

いつもは私邸の事務室で仕事をかたづけると、昼近くには平河町のイトーピアビルの事務所に出かけてくるのだが、その日は体調を気づかい昼をすぎても私邸にとどまっていた。

しかし、午後になると、新潟から選挙区の後援者たちが数十人、目白を訪ねてきた。それでまた田中は酒を飲んだ。

夕刻、午後五時近く、田中は気分の悪さを訴え、ひとり事務所内のトイレに入った。そこで田中は倒れたのである。秘書の古藤昇司らがあわてて田中を母屋に運び入れた。あたりはもうすっかり暗くなっている。

しかし、母屋に移された直後、田中はまだ意識はしっかりしており、自分の意向で、東京逓信病院（東京・千代田区富士見）に連絡、入院することを求めた。東京逓信病院は、田中のかねてかかりつけの病院であり、同病院には田中の主治医加島政昭（第三臨床検査科部長）も勤務しているからだった。

病院から医師数人がかけつけ、応急の手当てをした。当初の診断は軽い脳卒中ということであった。

病院の車が目白台にやってきて同夜八時半、田中は入院した。

このあと、秘書早坂茂三らを通じて田中側が急ぎ連絡をとったのは、副総裁二階堂進、総務庁長官後藤田正晴、田中派事務総長小沢辰男の三人だけだった。三人は急ぎ病院にかけつけた。あと深夜になって郵政相左藤恵に連絡した。東京逓信病院は、郵政省の管轄だからである。

しかし、金丸や竹下には知らせなかった。田中の側から、首相中曽根の側にも直接の連絡は行かなかった。そのことの中に、田中や田中サイドの中曽根、金丸、竹下らに対する感情の流れのほどが窺える。ただし、病院からの車の出入りや母屋のただならぬ気配からいって、田中邸警備の警察官たちはもちろん元首相の異変に気づいている。緊急の報告は警察庁長官のところまで行っていた。しかしその間連絡ミスがあったのか、夜のうちに中曽根の元へは「田中倒る」の一報は入っていなかった。

中曽根が、田中の入院を正式に知らされたのは、ある知人を通じて、翌二十八日午前四時すぎのことであった。公邸の中曽根は、書生に起こされて電話口に出た。

「目白の元総理が昨夜倒れて入院しました」

「エエッ。どこへ。それで容体は?」

「東京逓信病院です。今度は前の時とは違って重いようです」

「本当か。どこが悪いんだ、心臓か、脳か」

と、中曽根は聞いた。

首相公邸の隣りに住む官房長官藤波孝生が、一報を聞いたのもこのころだった。藤波はすぐそのあと、首相公邸の中曽根の元へかけつけた。

「田中元首相、脳卒中で入院」——が全国くまなく衝撃的に伝えられたのは、二十八日午前六時、NHKのテレビニュースによってだった。そのあと、民放のニュースなどもすぐにあとに続いた。政界はこれにより一瞬のうちに大騒ぎになったのだ。

二十八日は朝から雨降りの寒々とした一日だった。都心では午前中、雨が一時は雪に変わった。

早朝から病院には、金丸、竹下をはじめ田中派だけでなく自民党各派の議員たちが見舞いにかけつけてきた。その中には早々と、自民党総務会長宮沢喜一の姿もあった。

午前十時四十五分、医師団の一回目の病状発表は、

「可逆性虚血性神経障害と呼ばれる、ごく軽い脳卒中で、三、四週間で回復する」

という内容だった。

二階堂や小沢らが協議した結果、その程度の病状発表は避けられないと判断して、医師団の記

者会見を認めたのだった。

この間、病院の一階控え室には、創政会の議員も非創政会の議員も、心配そうに詰めかけていた。

「創政会」は二回目の会合を、地球物理学の東大名誉教授竹内均を招いて三月七日に開く予定にしていたので、これをどうするかが一つの問題だった。田村元は、創政会メンバーらに聞こえよがしに、

「オヤジにいろいろ心労をかけたものがいるからだ。こんな時に火事場泥棒のようなことをするものはいまい」

などと公然といい放っていた。

これを聞いて、「創政会」主力の橋本や小渕、梶山らは、

(なにをいうか。二階堂擁立で自分たちがオヤジをハラハラさせたことには知らん顔をして……)

と、心中、煮えくり返るような怒りを感じていた。しかし、こんな時に派内の対立をいっそう激化してはならぬと、ぐっと怒りを抑え、なにもいわないように押し黙っていた。結局、三月七日の第二回会合は四月四日まで延期することにその日の午後決定したのだが……。

中曽根は、朝のうち官房長官藤波を病院に見舞いにかけつけさせたあと、自らも夕刻、病院に向かった。しかし、首相中曽根といえども、発病、入院の田中に会うわけにはいかない。秘書早坂や田中派議員から病状を聞いたのみである。

「病状は軽い。桜の咲くころにはゴルフができるようになるよう願っている」

と中曽根は記者団に語ったが、中曽根の表情は、案外にケロリとしているようにさえ感じられた。

そのことを元首相福田赳夫は、

「強力な相談相手を失う一方で、中曽根総理は自由になる一面もある。これまでは政局の節目で目白の元首相から衆院解散問題などで『こうしろ』といわれるような状態だったんだからなあ」

といった。

ところで、田中の病状の発表は、最初の段階より、より重い内容に変更されていった。

三月四日、二回目の発表。

「総括的な診断は脳梗塞。当初、回復には三、四週間といったが、仕事に復帰するには二、三ヵ月かかるだろう。言語については短い言葉を医師に伝えている。こちらのいうことはよくわかる」

入院後一ヵ月を経過したあと、三月二十八日には三回目の発表。

「順調に回復しており、現在、リハビリテーションに、全力を挙げている。三月四日の所見の通り、二、三ヵ月で仕事に復帰できるとの見通しにはおおむね変わりはない。ただ、リハビリに個人差があることなどを考えると、多少のズレ込みもあると考えている」

この間、政界の関心は、田中派内部の動向に照準があてられていた。

田中の長期不在の留守を預かるかたちとなって、田中派会長二階堂の自意識はいま改めて高揚し、その行動も活発化した。

三月七日、田中派は正午すぎから定例総会を開き、二階堂が、

「田中先生の入院で心配をかけているが、現在は国際的にも国内的にも難しい情勢なので、この際わが派として大いに協調、団結してことに当ろう」

と結束を訴えた。二階堂は田中（角）にかわる田中派の盟主としてやる気満々だった。

二階堂は、三月なかば、九州関係議員らの会合に出ると、

「九州にないのは新幹線と総理大臣だ」

といったりした。これは戦後、九州からは一人の首相をも出していないので、次には自分がとの意欲をこめていっているようなものであった。

三月は、全国的に不順な天気が続き、東京はぐずついた天気のために記録的な日照不足となった。

その天気の推移と歩調を合わせるように、田中入院後の政界は、とりわけ田中派内部の場合、重苦しい空気が続いていた。

三月になって、二階堂と竹下は、四回にわたって会談し、田中派の今後の運営について語りあったが、結局は結論を得られなかった。

二階堂は三月二十七日から三十一日まで、中国を訪問し、中国最高首脳の鄧小平と会談するなど熱烈な歓迎を受けた。

二階堂は訪中に際し、平泉渉（鈴木派）、林義郎（田中派）ら親二階堂の議員を同行したが、

これも二階堂が近い機会の政局に備えたものと目されていた。

だが、一方で、「創政会」の主力議員たちも、二階堂が不在中の三月二十九日の幹事会で、「四月四日」の二回目の会合は予定通りに開くことに決定していたのである。田中派内の分極化は、もはやいっそう避けられない流れであった（四月四日の会合予定は、その後さらに四月十八日に延期され、同日、二回目の会合が開かれた）。

田中が入院した東京逓信病院には、その後も田中派議員たちが、忠誠度をきそうかのように足繁く見舞いに訪れた。しかし、肝心の田中には、家族や秘書早坂らを除けば、政治家はだれも会えない。

したがって、病床の田中がどういう状況なのか、あるいは当面なにを思っているのか正確なことはなにもわからなかった。だが、確実にいえることは、いま政界は中曽根をはじめとしてすでに田中なしで動き出しているということだった。

田中の長期不在は、すでに織り込みずみのようなかたちとなっていた。あれだけの支配力と行動力を有していた田中もただ一つ、病には勝てなかったのである。

というより、長い間の政界抗争やロッキード事件を戦い、くぐり抜けてきた田中は、その緊張とストレスの末に、自らの健康を病魔の手に渡してしまったのだ。権力世界の中に〝闇将軍〟として勢威をふるってきた田中も、病床に身をふす状況となっては、なに一つ思うに任せぬこととなった。

ぐずついた天気続きの三月が終わって、四月に入ると、東京はいっぺんに陽春の季節となり、上野の山のサクラも一気に開花した。

「角さんは、サクラが咲くころにはゴルフもできる」

と前に語っていた中曽根は、そのことを記者たちに聞かれると、

「そうだな、まだ無理なようだな」

と、こともなげに答えていた。

第VI章 「角抜き」政局のスタート

ＮＴＴ初代社長をめぐる人事抗争

実力者田中角栄の長期不在は、政界だけではなく経済界や官界にまでも多くの波紋をもたらしていた。

たとえば、日本電信電話株式会社（ＮＴＴ）の初代社長をめぐる人事抗争への影響だ。

電電公社は、六十年四月一日から新たに民間会社に移行することに決まっていた。初代社長は、これまでの公社総裁の真藤恒《ひさし》に落ちつくのか、あるいは副総裁の北原安定が昇格するのか、経済界と政界の熱い目が注がれていた。

中曽根と財界は真藤支持。田中（角）は北原支持だった。

「なんで北原ではいけないのか。彼はＩＮＳ（高度情報通信システム）の最高の権威なんだぞ」

「それは私も知っている。しかし、角さん、真藤君は電電改革のため四年前に公社に送り込まれ、電電民営化をここまでもってきた功労者なんだよ」

二月二十二日の昼過ぎのことだ。目白邸では先刻から田中と日本精工相談役今里広記（その後六十年五月三十日歿）との話し合いが延々と続けられていた。田中はこの時もウイスキーのコップを手にしていた。

電電民営化法案は前年末の国会で成立し、いよいよ、六十年四月から新会社が発足することとなって、今里は中曽根や経済界から頼まれて、新電電設立委員長になっていた。今里にとって、NTTの最高首脳の顔ぶれをどう決めるかが最高の、そして最も困難な問題だった。

その最大の困難は、北原社長の起用を求める田中角栄の説得にある。それで、かねて田中と近しい中山素平（興銀特別顧問）の応援も求めて、田中への説得工作に目白邸を訪ねてきたのだった。

「オレの考えは、北原が社長で、真藤は会長でどうだということなんだが……」

「冗談じゃない、そうはいきませんよ。その反対ならまだしも……」

田中と今里との話し合いは、延々三時間近くにも及び、容易に結論が出ない。

「それではとりあえず真藤社長ということにして、北原は次期社長含みで副社長ということか……。まあ、しかしもう一回よく考えさせてくれ」

田中はここまで妥協しながらも、なお結論を保留したのだった。

公社三十三年の歴史を受けて新発足する日本電信電話株式会社は、将来は、百兆円規模にもなろうという、ニューメディア産業の中核企業になる存在である。その業界と政治との結びつきという意味で、新社長の存在がどれほど重要かは、田中はもちろんよく承知していた。それには、かねて気心の知れた北原の方がよい。田中はそう考えていたのだ。

北原が、最近出版したばかりの『ＩＮＳ—豊かな未来を築く』との新著を持参して、田中を訪ねてきたのは、しばらく前のことだった。北原は早大理工学部電気科の卒業であり、同軸ケーブル方式の研究によって工学博士の称号を得た技術者である。しかし、一方でがっしりと太ったからだをあちこちに運んで、政界への顔の広いことでもよく知られる。北原はかねがね電気通信族の最高のボスとして田中にも接近しており、それとなく新人事体制の発足にあたって働きかけていた。

「新電電の関連企業は、全国に三千五百社ぐらいあります」

と、北原はいった。

「ホー、そんなにも数が多いのか」

田中はあらためてびっくりしたようだった。

三千五百社がもし一律に百万円ずつの政治献金に応じてくれるとしたら、それはたちどころに三十五億円になるであろう。関係業界に強いパイプを持つ北原ならば、あるいはそういうことも期待できるのかもしれぬ。創政会に対抗するため、当面の資金を必要としていた田中にしてみれば、三千五百社という広がりを持つ業界の存在は、やはり魅力の根源に見えたであろう。

田中が「真藤会長—北原社長」案にこだわっているのを、じっと横目で見ていたのは自民党幹事長の金丸信である。金丸も郵政・通信族のボスといわれながら、いまは北原をきらって真藤社長支持派であった。

というのは、北原が田中（角）に接近していることを知っていたからだ。創政会設立騒ぎと平行しおりなすように、新電電社長人事をめぐっても、田中と金丸のつばぜり合いはいま裏面で続けられていた。

真藤になるのか北原になるのか、まさしくその調整が大詰めを迎えていた矢先の二月二十七日、田中は突如として病床に倒れたのだ。今里が訪ねてきた日からわずか五日しか経っていない。

ところが、田中の長期入院によって田中の口出しが不可能になったことを知ると、財界側はさらにいっそう自らの欲求を貫こうとする作戦に出てきた。

北原会長—真藤社長—阿部譲副社長（日新製鋼社長）という新しい構想である。

三月の初め、財界を中心にこの構想が浮上し、新聞にもれ始めた。新構想は、北原を会長として格上げ、真藤社長のあとにはいずれ阿部を後継社長に据えるというものだった。

阿部は、新日鉄の出身で、いまも新日鉄関連の有力企業である日新製鋼の社長をしている。となればこの新構想には、新日鉄出身で経団連会長の稲山嘉寛の意向ものぞいていると推察された。

「だれがそんなことをいうのか。冗談をいうな。総理・総裁がまだ何の考えも示していないというのにもう決まったようにいっている。人事はもっと厳粛なものだぞ！」

財界構想に対して、激怒したのは金丸だった。新聞の観測記事を読んで、三月十二日、記者会見で金丸は記者たちをにらみつけるように怒りをぶちまけた。

金丸は、腹の中では「真藤社長」でまったく異存はなかったのだ。しかし、田中が不在だからといって、いくらなんでも財界の意向はやりすぎである。北原をそこまで叩きのめしては、田中サイドの怒りとうらみを誘うばかりだ。そこでなかば本気で、なかば芝居のようなかたちで、怒りを表明したのだ。

とどのつまり、新電電人事は、真藤社長、北原副社長、阿部は常勤の取締役ということで落着した。こうして、新電電は、従業員約三十二万人、資本金七千八百億円、総資産は十兆九千億円という、わが国最大の企業として新発足したが、田中の病気入院によるおかげで「北原社長」誕生は、完全に消えた。北原はその後副社長として引き続きポスト真藤の社長の地位を期待しているものの、少なくとも新電電初代社長の夢は破れたのだった。北原にとっても、田中の長期入院は、思いもしないできごとだったのである。

仁杉国鉄総裁解任を強行

田中の不在は、新電電人事に限らず、一方で国鉄総裁仁杉巌の周辺にも微妙なカゲを落とすようになっていた。

電電公社と国鉄とでは、もちろん置かれた事情が大きく違っている。電電公社の場合は、民営に移ることに対して、労使ともきわ立った反対や抵抗は少なかった。労働側も民営移管反対のストに訴えることなどは一回もなく、むしろ協力するかたちで民営に移ったのである。

ところが、国鉄の場合は――その民営、分割の方向に対して、国鉄当局内部にも反対があるし、労働側にも強力な反対がうず巻いていた。

その中で、仁杉は五十八年十二月二日、田中（角）の強力な推薦によって、鉄建公団総裁から第九代の国鉄総裁として送り込まれてきた。仁杉は国鉄の建設局長、常務理事時代、そしてそのあと鉄建公団総裁としても土木畑の総師として、上越新幹線などの建設に当たってきた。だから、田中は前々から仁杉のことをよく知っていたのである。

五十八年末といえば、政界は田中解散、総選挙へ突入するころであったが、当時は田中は中曽根に対する強力な発言権を有していた。田中の強い推薦とあれば、中曽根にとって仁杉総裁の任命は、一も二もなく文句のないところだった。

しかし、国鉄の民営、分割問題をめぐって田中自身はどう考えていたのか。公式の発言は一切していなかったが、経営形態の分割問題については、慎重な態度を保持していたようである。ある時、国鉄の幹部が、田中を訪ねて説明をした時に、田中は、

「北海道や四国は別として、九州の分割はいかん」

と述べたことがあった。田中の意向として伝えられたのは、その程度のものであった。

ところで、六十年一月十日、仁杉は国鉄当局が独自に検討してまとめた「経営改革のための基本方策」を決定し、国鉄再建監理委員会（委員長亀井正夫）に提出すると同時に、世間一般に発表した。この「基本方策」は内外ともに評判が悪く、その後の仁杉解任（六十年六月二十五日辞令）につながるのであるが、田中はこの内容をみて周りに、

「仁杉はよくやった。九州を切り離さなかったものなあ。運輸相の山下徳夫（佐賀出身）の立場

るのだ。


をよく考えてくれている」

といって褒めた。田中はそのむねを電話で仁杉にも知らせた。というのは、こういう事情によるのだ。

国鉄が決定し発表した「基本方策」によれば、「六十二年四月一日をめどに民営化（特殊会社）に移行する」と、民営化については原則的にその立場を認めている。

しかし、分割の問題については「全国一本の経営形態を維持する」と述べて、完全な反対論なのである。ただし、「分割を含めた経営形態問題は、六十五年度までに再度見直す」といい、とくに北海道と四国は別経営（分割）にすることも考えられるとうたっていた。

ところが、九州の場合は、新幹線がすでに博多まで延長していることでもあり、本州と九州は一体に考えて、九州は分割せずというのが国鉄が打ち出した「基本方策」の内容だった。

「仁杉は、山下（運輸相）の立場をよく考えている」

と、田中が一応の評価を示したのはこのことをさす。自分のかねての考え方に沿ったものという思いもあったのだろう。逆に仁杉ら国鉄首脳にすれば、田中の支持が得られる案との自信があったのかもしれない。

しかし、中曽根や運輸相の山下にすれば、すでにまったく別の考え方をしていたのだ。つまり、国鉄再建はあくまで分割、民営化を貫徹する方向で進むということだった。

「山下君、あなたには特別にお願いしたいことがあります。それは、国鉄再建問題についてあくまで監理委員会の亀井（正夫）さんと歩調を合わせてやってもらいたいということです」

「よくわかりました。私ももちろんそういうつもりです」

五十九年十月末に第二次中曽根改造内閣の顔ぶれがきまって、首相執務室に新運輸相山下が呼び込まれた時に、首相中曽根は山下に特別の注文を出していた。山下もそれを了承して、中曽根とがっちりと握手をかわしていた。

だから、山下の選挙区が佐賀県だといって、山下は九州を分割の対象から外そうなどとはこれっぽっちも考えていない。田中が「山下のためを考えた案」などというのは、田中の完全なひとり合点であり、山下にすれば迷惑至極な話だった。

山下は河本派の所属ではあるが、初当選以来、田中との関係は悪くない。幹事長の金丸とも家族ぐるみの親しい関係である。田中派に対してとりわけ敵対関係のような感情は少しもない。しかし、国鉄再建問題について、田中の考えているところと山下が推進しようとしているところは、全然違うのだった。

これに対して、仁杉の場合、「基本方策」を発表した直後は、まだまだ自信満々だった。

「分割といってもそう一気にはできないよ。『基本方策』の線で進めれば、いずれは赤字も軽減できる」

などと周囲に語っていた。

仁杉は、自民党の分割推進派議員を訪れて懇談する時にも、ニヤニヤうすら笑いを浮かべながら、なにか軽く見下すようなところがあった。

（オレには、田中角栄の支持が背後にあるのだから……）

との思いがあったのかもしれぬ。しかし、田中が発病して長期入院が必至のころになると、仁杉の態度は同じ自民党議員の前に出てもオドオドとするようになった。「基本方策」に対する世論の批判が厳しい上に、田中という支持基盤を失って、仁杉は急速に自信をなくしてしまったのだ。

桜が咲いた四月初めのころになると、政界の底流には「仁杉更迭」のうわさが流れ始めた。震源地は首相中曽根である。

中曽根は運輸相山下、官房長官藤波、さらに自民党の国鉄再建小委員会委員長の三塚博（福田派）らに対して「仁杉更迭」の検討を命じていた。

中曽根にとっては、国鉄改革は電電公社、専売公社の民営化に続く、いわば「中曽根行革」の総仕上げともいうべき背骨の部分である。ある意味では国鉄改革が完成しなくては、戦後は終わらないというくらいの認識であった。

ところが、分割、民営化へのリーダーシップを期待されていた総裁の仁杉は、いまでは分割、民営化反対の方向に引っぱり込まれてしまっていた。

仁杉自身は、五十九年六月二十一日、東京・日比谷の日本記者クラブで講演をした時に、

「国鉄のいまの規模は、コントロールの限界を超えており、その意味ではコントロール可能な規模に分割した方がいい。

民営化については、競争原理や効率化、利潤追求などの面で望ましく、可能なら民営にした方がいい」

と述べたことがあった。仁杉個人はその時、分割、民営論者だったのだ。

しかし、仁杉講演が終わったあと、国鉄総裁室に血相を変えて飛び込んできたのは、国鉄副総裁の縄田国武と常務理事の太田知行（労務、広報担当）であった。

「総裁、とんでもありません。いまこの段階であんなことをいったら、国鉄内部は空中分解してしまいます。このところ、せっかく国労との関係もうまくいっているというのに、それも台なしになってしまいます」

「…………」

仁杉は、縄田、太田らの反撃にただただ声をのむばかりだった。その場の空気は、どちらが総裁でどちらが副総裁なのかわかりはしないほどだった。

その翌日から、縄田、太田を中心に政界への仁杉発言否定工作が始まった。仁杉は出る幕を封じられてしまったのである。

六十年一月、国鉄が発表した「基本方策」はその延長線上にあるものだった。五十九年末に国鉄内部では、しばしば役員会を開いて国鉄としての再建策を論議していたが、その論議をリードしたのは縄田と太田だった。さらに、常務理事の塩谷豊と岩崎雄一がこの陣営に加わった。あと残る十人ほどの常務理事はいわばノンポリである。縄田、太田らのなすがままに任せたのだった。縄田、太田らは、国鉄内部の中堅・若手幹部の中にある「分割賛成」論は完全にシャットアウトして、一月の「基本方策」発表にもっていったのだ。

総理中曽根は、こうした国鉄内部の動きを監理委員会の委員長亀井や自民党の三塚らから聞いて、逐一事情を知っていた。

「とにかく、国鉄側は非協力です。監理委員会が答申作成の論議を進めるにあたって、いろいろ資料の提供を求めても、国鉄側は、ろくろく出してくれないんですからねェ。総理、なんとかなりませんか」

委員長亀井が、そうこぼすのを聞いて、

「そうですか、そんなにも抵抗するのですか」

中曽根はそう答えながら、自らも亀井と同じように苦々しい思いを強めていた。

亀井は、国鉄再建の答申をまとめるため、五十八年夏から住み慣れた兵庫県の西宮市を離れ、東京住まいを続けている。

「自分の時間の六、七割は国鉄問題にとられている。早く本業（住友電工会長）に戻りたいと思うが……」

亀井が苦悩を深めて語るのを聞いて、中曽根にもなんとかしなければとの気持ちが深まった。

だが、中曽根と亀井の苦々しい気持ちを逆なでするように、国鉄首脳側はさらに追い打ち的な行動に出てきたのである。

六十年二月一日、縄田、太田らは国鉄内部に新たに「経営改革推進チーム」を発足させたのだ。その責任者に起用されたのは、縄田系と目される秋山光文（前資材局長）であった。

その上、三月二十日の大幅定期異動では、このチームの強化人事を実現し、一月の「基本方策」の線に沿ってのいっそうの具体策の検討に乗り出すことになった。

あわせて、三月人事では経営計画室の計画主幹をつとめていた松田昌士を北海道総局総合企画部長に転出させた。

経営計画室というのは、国鉄に前からある機関で、国鉄再建の計画作りに当たってきた。松田はその責任者の一人として、亀井の再建監理委員会と連絡をとりあう仕事を担当してきたのである。

「なんということをするのか。事前の連絡もなしに……。答申作成がいよいよこれから大詰めの段階に入る時ではないか」

松田の転出に対して、亀井はこういって怒りをもらした。

しかし、国鉄側は「経営改革推進チーム」を根城に、秋山を責任者とし、その下に白川俊一秘書課長、中村重雄文書課長らも加わるかたちで、着々と分割反対への理論武装を進めていた。

(仁杉ではだめだ。仁杉は縄田、太田らに完全に牛耳られている)

中曽根はそう判断したから、一気に荒療治に出る決意を固めた。その際に、仁杉と田中(角)との深い結びつきに思いが及んだのは当然であろう。田中がもとのままの健康体だったら、中曽根もあるいは思いためらうところがあっただろう。

(しかし、いまの角さんは口を出せない。当面するところの再起はとても無理だ)

中曽根は、特殊なルートを通じて、田中の病状を正確に知っていた。二月末発病入院のあと、三月の段階で早々と中曽根は、田中の症状が長期化することは間違いないと承知していた。

だから、仁杉更迭の動きに出ても、たいした障害はないと踏んだのだ。

ところが四月三日夜「仁杉辞任の動き」が時事通信の速報によってもれた。中曽根はまだその時、更迭の検討を命じただけであって、後任人事までを決めていたわけではなかった。また、同時に国会開会中でもあった。そこで、四月段階ではなお時期尚早として、いったんは「仁杉更迭」を思いとどまったのである。

「進退伺いを含めた辞任の意向を運輸相や官房長官に伝えたことはありません。引き続き総裁として国鉄再建に全力を尽くしたいと思っております」

四月四日午前、仁杉は辞任の動きと伝えられたことを記者会見の席で、懸命に否定していた。翌五日午前には、国鉄本社六階の会議室に幹部を集めると、

「辞意を表明したことはまったくない。今後も心からのご協力をお願いする」

と異例の訓示をしていた。この日の訓示は約三分間の短いものだったが、国鉄の回線によって全国の管理局にも同時に中継された。

国鉄の総裁が自らの進退をめぐって、こんな挨拶をしたのは、国鉄の歴史百十三年の中でも初めてのことだった。

仁杉はこの時懸命に否定していたが、総裁としてはもう死に体であるのは明らかだった。任命権者の中曽根の信頼感はすでに完全に去っていたのだから……。

仁杉にとっては、三月初めの衆院予算委員会で、仁杉の家族の関係する「イワオ工業」が国鉄の工事を受注しているとの問題が追及されたことも大きな痛手だった。田中（角）の支えを失ったことがもちろん大きな背景であるが……。

ただ、中曽根と亀井にすれば、問題の本質は、あくまで仁杉が、国鉄内部の分割反対論を抑え切れず、それに押し流されてしまったことだった。

「再建監理委員会はすでに五十九年八月、第二次緊急提言を出して、その中で分割、民営化の方向を打ち出している。その時、閣議はこれを最大限尊重すると決めている。その線に沿って監理委はいま具体的な最終案作りを急いでいるのだ。というのに、仁杉や一部の国鉄幹部はこれに抵抗し、政府の大方針に歯向かおうというのか」

中曽根は、国鉄問題を運輸相山下や、官房長官藤波と語り合う時には、一歩も引かない決意を示した。

切られた加藤六月人脈

国会も終盤を迎えた六月なかば、中曽根は亀井から六十年七月末には最終答申を提出するとの報告を聞くと、再び「仁杉更迭」へのアクションを起こしたのである。仁杉体制の一新なくしては、国鉄の分割、民営化は進まないとの信念だった。

すでに関係方面の意見も聞いて、今度は仁杉の後任には、前運輸事務次官の杉浦喬也を起用することに、はっきりとハラを決めていた。

「仁杉には辞めてもらう。あわせて、仁杉に常務理事全員の辞表をとりまとめるよう指示してもらいたい」

中曽根が、山下や藤波らに極秘の指示を下したのは、六月十二日夜から十三日にかけてだった。自民党の幹事長金丸にも連絡をとって、事前の了解をとった。仁杉が田中（角）によって推薦された経緯を考えれば、とくに金丸には事前の了承をとっておく必要があった。

「わかりました。まあ仕方ないでしょう」

金丸はまるでサバサバとした調子で、中曽根の方針を支持した。金丸も田中が長期療養のいまとなっては、仁杉に対し特別の義理もないのだ。

山下からさらに運輸省事務次官の松井和治に連絡があり、首相の意向を伝え聞いた時に、仁杉は来るものが来たとの思いで受けとめていた。

自分自身はもう辞任するつもりだった。しかし、問題は副総裁の縄田ら全役員の辞表とりまとめのことである。

「オレたちを全員まきぞえにするのか」

と、役員の中からどんな反対が出るかもしれない。はたして、副総裁の縄田は、

「私も辞めます。技師長の半谷、筆頭理事の竹内も辞めるでしょう。太田もまあやむを得まい。しかし、あとの理事たちは……」

といった。仁杉をなかばなじるように、縄田は全役員の辞表とりまとめに抵抗した。

そのうちしばらくすると、政界の中に、「仁杉更迭」の動きは、徐々にもれていった。とくに、これは一大事とびっくり仰天したのは、元国土庁長官加藤六月（福田派）だった。

加藤は、自民党議員の中で運輸族の代表として知られる。とくに副総裁縄田、塩谷、岩崎の両常務理事とは多年にわたる親交を結んできたのである。

終戦の直後、まだ若き日に、加藤は岡山の生んだ有力政治家星島二郎（元衆院議長）の書生になりさらに秘書にもなった。同じころに星島家の書生をしていたのが縄田なのである。

「オレは将来はいつか総理大臣になるぞ」

「そうか、それならオレは国鉄の総裁になる」

加藤と縄田とは、こう誓い合ったこともあった。そして現実に加藤は政界入りし、縄田は国鉄幹部としての道を歩んだ。

加藤は縄田を通じて、国鉄の中に根を張ったといわれている。

縄田だけではなく、加藤は岩崎がかつて広島鉄道管理局長をしたころから親しくなった。塩谷とは塩谷が文書課長（政界担当）当時からのつき合いだ。

縄田、岩崎、塩谷らが一気に刷新人事で追放されるとなったら、これは加藤にとっても文字通り一大事だ。中曽根は、分割反対派の縄田、岩崎、塩谷らを一気にほうむる気らしいのである。

加藤は六月二十日から二十一日にかけて必死に中曽根の意向を打診して回った。

東京を含む関東地方は、六月八日から梅雨に入っていた。典型的な梅雨型天候が続き、六月二十一日は夏至というのに、東京は朝からすっぽりと梅雨空に覆われて暗い一日だった。

この間、六月十八日には、詐欺商法の豊田商事会長永野一男が、カメラの放列の前で刺殺されるという事件が起き、全国を震撼させた。

しかし、豊田商事事件をよそに政界の底流には「仁杉更迭」をめぐるせめぎ合いが続いていた。

(これ以上、政界を巻き込む動きになってはいかん)

中曽根は直感した。十三日に辞表とりまとめを指示してから、もう一週間も経過しているのだ。中曽根はもうこれ以上待ってはおれないと思った。

「きょう(六月二十一日)午後三時半に、仁杉総裁に官邸にきてもらいたい。その旨、総裁に伝えるように……」

中曽根が運輸相山下に指示したのは、二十一日午前のことだ。

その日の午後、仁杉は前からの予定で衆院運輸委員会に出席していたが、委員会質疑の途中、

「これから首相官邸へ行って辞表を出してくる」

といって、なにも事情を知らない与野党議員を驚かせた。

午後三時半、首相官邸で中曽根と仁杉との会談はほんの短時間ですんだ。

首相執務室を出てきた中曽根は記者団にとり囲まれると、なにくわぬ表情で、

「仁杉総裁から辞任したいとの申し出があったので、せっかくのことであるからこれを受けることにした」

と語った。中曽根一流のポーカーフェースともいうべき場面であった。だが、実際には中曽根の方から仕掛けて、仁杉の首をとるという「仁杉解任」劇だったのである。

中曽根は事前に、分割反対派常務理事をも同時に辞めさせるための手続きを内閣法制局と相談さえしていた。

「任期途中の常務理事を総理といえども辞めさせることはできません。しかし、辞めることにな

った総裁の手で、常務理事全員の辞表をとりまとめるのならそれは可能でしょう」

内閣法制局の回答はこういうものだった。そこで、中曽根は仁杉に対し、その辞表を受け入れると同時に常務理事全員の辞表とりまとめも求めていた。

この結果、週が明けて六月二十五日、仁杉、縄田、半谷（技師長）、竹内（筆頭理事）の他に、分割反対派の太田、塩谷、岩崎の三理事も最終的に辞任することになった。

中曽根は、仁杉を解任することで、国鉄内部の田中人脈を切った。さらに返す刀で、縄田、塩谷、岩崎ら国鉄内部の加藤六月人脈をも切ったのである。

「こんなことが行なわれていいものか。断じて許せない」

六月二十五日朝、田中派の国鉄問題勉強会の席で、中曽根批判の口火を切ったのは、国鉄出身の参院議員伊江朝雄である。伊江は縄田らの政界工作を受けて、分割推進慎重論の立場だ。

続いて、佐藤信二がメガネの中の目に怒りをたたえて、

「こういうやり方はファッショだ。世論調査で内閣支持率が高いから強気になっているのだ」

と激しく批判を展開した。これには戸井田三郎や奥田敬和らが続いて同調した。佐藤、戸井田、奥田らは、いずれも非創政会のメンバーである。田中不在をみくびったような中曽根のやり方に憤激していた。

「オヤジがいないという気安さが総理にあったのは事実だろう。しかるべき方法で、総理に注意したい」

最後に一同の意見を総括するように、発言したのは、田中派事務総長の小沢辰男であった。小

沢の発言には、田中不在への無念の思いが込められていた。

しかし、一方で幹事長の金丸は、その日の記者会見で平静そのものの表情で語っていた。

「人事というのは漏れ始めるといろいろ影響があるので、電光石火、繰り上げて実施したということのようだ。私もむべなるかなと思う」

金丸は事前に中曽根からこと細かな連絡を受けており、国鉄内部の田中人脈の排除をまるで気にしていなかった。

総務庁長官の後藤田も、行革推進の立場から国鉄首脳人事の刷新には賛成であった。

国鉄総裁ら幹部の更迭は、その後の自民党内の動きに火ダネを残す面があったにせよ、こうして中曽根の勝利に終わったのである。それも、田中の長期不在という背景があればこそであった。

一方で、加藤六月の方は表面上は沈黙を守っていた。賢明な加藤は、分割、民営化という大きな潮流をもはや避け難いと認識しているからのようだった。加藤は中曽根に国土庁長官に起用された恩義もあり、また今後のことを考えると、中曽根に対し表立って異をとなえられなかった。

二階堂進の〝勇み足〟

ところで、ここで話の展開を本筋の方に戻さねばならない。田中の長期入院は、なんといっても政界の内部に深刻な衝撃と影響を投じていたからである。

田中の長期入院が避けられないこととなって、三月から四月にかけひときわ気分を昂揚させていたのは、他ならぬ自民党副総裁二階堂進であった。

田中が入院してちょうど一ヵ月を経過した三月下旬、二階堂は四泊五日の日程で中国を訪問した。四十七年九月の日中国交正常化の時に、当時の田中首相に二階堂は官房長官として同行して以来、これが七回目の訪中である。

二階堂は、平泉渉や林義郎、福島譲二ら七人の議員を伴って出かけた。

「時期が年度末にあたるので、国会の方も大変です。できるだけ同行の議員を少なくして下さい」

幹事長の金丸サイドからはこんな要請もなされていたが、

「なにをいうのか。中国側がこの時期にと求めてきているのだ」

と、二階堂はまるで意に介さなかった。

三月二十八日午前、二階堂は北京の人民大会堂で鄧小平中央顧問委員会主任と一時間にわたり会談した。同席したのは日本側は林義郎（元厚相）、中国側は外相呉学謙だけだ。

「田中先生は私たちの古い友人です。一日も早く回復するよう祈っている。私からのあいさつを田中先生とご家族の皆さんにぜひ伝えて下さい」

冒頭に、中国最高首脳の鄧小平が、田中への見舞いを述べると、二階堂は感激と感謝の面持ちで答えた。

「おかげさまで順調に回復しています。しかし、二、三ヵ月はかかります。一日も早く回復してわれわれを指導してもらう日が来ると確信しておりますが……」

二階堂は鄧小平の前で、いま完全に田中の名代になったつもりだった。

しかも、そのあと中国側は総書記胡耀邦が、中南海で自民党訪中団全員を招いて昼食会を開き、二時間にわたり懇談したのである。二階堂は、国賓なみに遇せられたわけで、最高の感激にひたっていた。二階堂はいっそうの自信を持った。田中から「次は君だよ」といわれたあの一言が、いまさらに気持ちの中に強まっていた。

二階堂は帰国したあと、四月四日午後、前首相鈴木善幸を訪ねて会談したのを皮切りに、積極的な動きを開始した。

一方でその日、二階堂は田中派定例総会の席などで初めて公式に、

「六月二十日に、『人間、二階堂進を語る会』といったパーティーを開くつもりだ」

と明らかにした。

「田中先生が入院する十日ほど前から何回か、六月二十日は易学上『角の日』にあたり、縁起のいい日だ、その日に一万人パーティーを開けといわれている」

と二階堂はいうのだった。

「角の日」とは、中国古代から伝わる吉凶占い「二十八宿」に定められた日の一つで、結婚、旅行、建築、井戸掘り、衣類着初めなど能動的なことを始めるのに「吉」の日だとされている。

二階堂自身は、これまで激励会などを一回も開いたことがない。今度の企画も、もともとは、田中の発意であることを強調すると同時に、

「創政会の竹下君と張り合うつもりだろうと勘ぐる向きもあるかもしれんが、そんな気はない。

オレは一万人の人を集めて肩怒らせるようなそんな人間じゃないよ」

と周囲に語っていた。

しかし、二階堂は自らのパーティーの発起人には、岸、福田、三木、鈴木ら首相経験者すべてになってもらうという構想だった。発起人メンバーには、田中（角）の政敵三木や福田までを連ねようという。そのへんに、二階堂の心の奥底の生ぐささがだれにも感じとられた。

しかも、それに先立つ四月二日の自民党役員会の席で、二階堂は折から激化の様相を示していた日米通商摩擦問題をとり上げて、ひとしきり中曽根批判を展開したのだ。

「日米間の貿易摩擦問題は非常に心配だ。戦争前夜のような、かつて経験したことのない空気だといってもよい。

アメリカの要求にも無茶苦茶なところがあると思うが、ことしの正月に総理が訪米した時に総理はどんな約束をしてきたのか。

これからボン・サミットや公式の国際会議が開かれる時に、総理や安倍君（外相）が袋叩きにあわないよう、四月末までにどうすべきか、できることとできないこととをはっきりさせるべきだ。

党内で検討するんだから、総理も出席して『頼む』といわれた方がいい」

二階堂は言葉厳しく一気にまくし立てた。中曽根が一月訪米の時に、独断でレーガンに摩擦解消策を約束してきたといわんばかりの批判をこめて発言したのだ。

その強い口調は幹事長金丸をびっくりさせたし、二階堂発言を伝え聞いた中曽根をも驚かせた。

自民党内には、二階堂の発言を中曽根への揺さぶりと受けとる向きが強かった。

その上で、二階堂は六月二十日の激励パーティーを、岸、福田、三木、鈴木ら首相経験者をすべて発起人にそろえて開こうというのだ。

二階堂の腹の中に、田中長期不在のあとを受けて自らが田中派の盟主となり、オールド・リーダーの連合によって中曽根政権にとってかわる気持ちが動いているのではないか——そう分析する向きが強まったのも無理からぬところだった。

とりわけ、創政会グループの中に不安と焦燥感が広がった。金丸、竹下と創政会議員は心から中曽根を支持しているわけではないが、田中派内部で二階堂が、中曽根批判に走ろうとするなら、その瞬間に電気ではじかれたように中曽根支持に向かってゆく。政治力学の対抗上、どうしてもそうなるのだ。

金丸が翌四月三日の記者会見で、

「総理は政府与党の会議のたびに日米経済問題について触れている。総理が一人歩きしているというのは当たらない」

と憮然とした面持ちでひとしきり中曽根支持論をぶったのは、その現われでもあった。

しかし、二階堂はこの段階でいささかのオーバーランをおかしてしまった。

四月八日は、朝からポツポツと春雨が落ちてくる一日だった。雨の中、東京の四ツ谷駅から市ケ谷駅に至る外濠公園のソメイヨシノはいまが満開の見どころであった。

元首相三木武夫の事務所は、四ツ谷駅にほど近く、その外濠の桜を眼下に見おろす、麴町五番町にある。

三木はそれに先立つ四月四日夜に、福田、鈴木らと懇談した時に、

「四谷の事務所の裏手の桜が満開でねェ、一度見にこないか」

と誘ったところ、一同が「是非、行こう」ということになった。

そこで、四月八日午後、料理や酒を用意して、長老だけの「観桜会」としゃれたのである。三木内閣の成立前、そしてそのあとを通じてもこのような会を開くのはもちろん初めてのことだった。

三木、福田、鈴木らの長老たちはある時は協力し、ある時は対立したものの、いまはそれぞれが最高顧問となって、もはや直接のライバル同士ではない。

「観桜会」には、両院議長経験者の福田一や徳永正利も加わっていた。

ところで、二階堂は例の六月二十日のパーティー開催のことで三木にも協力を求めようと、四月八日昼すぎ、三木事務所に三木を訪ねてきた。二階堂が三木事務所にやってきたのは、本当に久しぶりのことであったろう。

そして、そのあと二階堂もまた「観桜会」に加わったのである。

「観桜会」は「観桜会」であって、別に生ぐさい話をするのを目的としたわけではない。用意された寿司や徳島名産のチクワをつまみながら、杯を傾け、雨の中の桜を見るだけであった。

「四谷怪談じゃなくて、四谷清談だったよ。生ぐさい政治の話はなかった」

と前首相鈴木が語れば、三木も、

「政局のことはだれもいい出さない。風流を語り合うことも、政治家にとっては必要なんだ」

とご機嫌そのものであった。

だが、その場に二階堂までが加わったために、オールド・リーダーたちはやはり連携して二階堂を擁立するつもりだとの生ぐさい要素がただよってしまったのだ。〝四谷清談〟はどうしても〝四谷怪談〟につながりかねないと受けとられた。ご機嫌なのは、二階堂も同じことだった。

「三木さんにこんなごちそうになったのは初めてだ。これからもまたやってもらいたいよ」

といって引き揚げていった。

これにムカッときたのが、創政会グループの議員の面々だった。

「二階堂さんは、自分のためには三木、福田とまで手を結ぼうというのか」

との反発だった。二階堂は、自らのパーティー開催を通じて三木、福田に接近したことによって、かえって田中派内部に対立と摩擦のタネをまく結果となってしまったのである。

「出雲人は出しゃばらない」

創政会のメンバーにとっては、二階堂の行動は苦々しい限りだった。

田中（角）の長期不在以後、二階堂は引き続き田中の下に結束していくといいながら、実際には田中離れのひとり歩きの言動をとっていると判断したからである。

「田中さんが入院したあと、私は一回もお会いしていない」

と、二階堂は内外に表明し続けていた。しかし、四月初めのある日、二階堂は秘かに田中の病室に入り、一回だけ田中に会ったことがあるとの説も政界には流れていた。田中（角）の長女の真紀子ら家族がちょうど不在の時に、秘書早坂茂三の判断によって二階堂が病室に入ったとの風説だった。

その結果、二階堂は田中の病状が再起不能であることを感じとった。とすれば、今後は、〝田中抜き〟を前提に、諸般の政治行動を組み立てていかねばならない面も出てくる。

「福田や三木ら長老と手を組もうというのも、二階堂さんが角さんの今後に見切りをつけたからではないか」

創政会議員たちの欲求不満は、そのころ強まるばかりだった。

というのは、創政会の中心議員たちは、四月四日に二回目（講師を招く勉強会としては一回目）の会合を開くことを決めていたところ、田中派内部の非創政会勢力や他派首脳からも異議申し立ての声が出てきたからだった。

まず、中国滞在中の二階堂が、牽制球を放っていた。三月三十日午後、上海で同行記者団を前に、次のように語ったのである。

「田中派内の運営については私に一任されている。自民党や政局をごたごたさせてはいけない。良識をもって行動すべきだ」

さらに、二階堂は創政会の竹下蔵相擁立の動きについて、

「一人や二人で決めるべき問題ではない。みんなで決めることだ」

と言い放っていた。これは、明らかに四月四日予定の創政会第二回会合に難色を示すものだった。

同じ日には、田中派会長代理の江崎真澄が国会内で竹下に会い、もう一度考え直してほしいと、再考を求めていた。

また、三月二十六日には、元首相福田が幹事長金丸と会った時に、「慎重にやってほしい」と求める動きもあった。

これらの動きに、創政会事務局長の梶山静六ら強硬派は、

「いまさらなにをいうか。しかも、福田さんにまでなんでそんなことをいわれねばならないのか」

と、怒りをますばかりだった。

四月四日の第二回会合を決行するのか、しないのか――結局は、蔵相竹下の判断一つにかかることになった。

こういう時、竹下は冷静である。決してあわてない。

「出雲人（島根）というのは、出しゃばらない。オレがオレがというのを好まないんだ」

竹下は、前にもそう語ったことがあった。敵をけちらしてもという動きは好まない。

竹下の出身地、島根県は昔でいえば出雲国と石見国からなる。県の東半分が出雲であり、西半分が石見である。

石見の人たちは、進取の気性に富み、関西方面へどんどん出稼ぎに出たりする。しかし、出雲

の人たちはとかくひっこみ思案であり、閉鎖的でもある。

竹下の生まれ故郷は、出雲平野を車で一時間ほど南へ、山あいに入った掛合《かけや》町にある。

竹下自身、思い出すのは昭和二十年代の後半、県議に初当選した時のことだ。

竹下は大学ノートを片手に、県庁内の各課を全部しらみつぶしに挨拶して回った。

「私は今度、県議に初当選した竹下登です。この課ではどんな仕事を担当しているのですか。一つ教えて下さい」

竹下は各課のイスに座って挨拶をするとともに、教えられるところを一つ一つノートにメモをとった。

「あんなまじめな県議は、県庁始まって以来、初めてですわ」

と女子職員にまで、当時、話題になったという。

竹下はたまに島根県庁所在地の松江に帰ってくると、必ず泊まるのは、宍道湖を南に眺望する、西茶町のホテル「水明荘」である。

「水明荘」の左手には、湖上に緩やかなカーブを描いた宍道湖大橋がみえ、橋の真下では宍道湖名物のシジミをとる小舟がいくつも揺れている。対岸の宍道湖の南岸は、ボウッと緑とモヤの中に煙っており、時に山陰本線の列車が通過する音が湖面を渡って聞こえてきたりする。

竹下は「水明荘」に泊まると、気軽にホテルの年とった女主人や若夫婦にも声をかける。竹下の性格には、墨絵のように静寂な宍道湖の風景が似つかわしいのである。

四月四日の第二回会合を前にして、竹下ははたせるかな無理をしなかった。出雲人らしく強行を避けたのである。

梶山ら強硬派の意見を排して、竹下が自らの決断で決めたのは、四月四日の会合は、二週間再延期して四月十八日に延ばすというものだった。四月四日は、ちょうど六十年度予算案が参院で大詰め段階を迎えており、時期としてまずいというのが、竹下の下した理由づけだった。

「竹さんの腰の弱いのには、あきれたもんだ」

梶山たちは、内心、不満をもらしながらも、竹下が最終的に決断したとあれば従わざるを得なかった。欲求不満の思いがどうしたって残った。

竹下が第二回会合の延期を決めたのは四月二日午後であったが、その夜、創政会議員たちは三々五々、赤坂の料亭「満ん賀ん」に集まってきた。

四日の正式会合は延期することにしたものの、その夜は仲間たちで杯をかわし、せめて一時的にうさを晴らそうということでもあった。

創政会に入会届けを出している田中派七十七議員全員に呼びかけるかたちをとり、衆参三十二議員が集まってきた。第一回会合には顔を出さなかった綿貫民輔、藤井孝男、竹山裕の三人がその夜は新しく出席した。

予算審議を終えた竹下も、会場にかけつけてきた。

「熟慮に熟慮を重ねた決断であり、会合の延期は曲げて了承してもらいたい。しかし、創政会の初会合で私が『燃焼しつくす』と言った気持ちにはまったく変わりありません。今後とも皆さんと共に頑張りたい」

竹下はそういって挨拶すると、一同に深々と頭を下げた。

創政会の動きは、二回目の正式会合は延期することにしたものの、実際のところ赤坂の料亭でこうやって集まることになり、派閥としての意識と団結はますます強まるようだった。そして、そのことは、田中派内で二階堂や非創政会グループとの対立感情をさらに激化することが必至だった。

二階堂や江崎らは、創政会の二日夜の非公式会合には露骨に不快感を示したし、そのことがまた、創政会の梶山らの気持ちを逆なでしていた。田中不在の長期化によって、田中派内は創政会と非創政会グループに分極化する色合いを深めていった。

竹下登の〝迷い坂〟

創政会副会長橋本龍太郎の激励パーティーが開かれたのは、それからほどなく四月十五日である。会場はホテルニューオータニの「鶴の間」だった。

東京は四月になって雨続きで、十五日も雨模様だったが、会場には午後五時の定刻前から客が詰めかけてきた。

会場には「燃えろ龍！」と書いた横断幕が掲げられており、創政会幹事の羽田孜の司会で激励会は始まった。

総務庁長官後藤田、参院議長木村睦男、社会党書記長の田辺誠らに続いて竹下が壇上に立つ。

「池田内閣の総選挙で、橋本君が初めて立候補した時、その演説を全部教えたのがこの竹下登であります。

私は四十七歳の時、官房長官として初めて入閣致しましたが、橋本君は六年前、四十一歳の時にすでに厚生大臣を経験しております。私はなにか追われるものの恐ろしささえ感ずる次第です。

私はニューリーダーといわれて久しいものがありますが、すでに六十一歳であります。本当はニューリーダーといわれてふさわしいものは、橋本龍太郎君ではないかと思う次第であります」

竹下の挨拶は、後輩橋本を大いに持ち上げるものであったが、他に用事もあったとみえてほどなく姿を消した。予定の時間より遅れに遅れてやってきたのが二階堂だ。二階堂が壇に上がった時、竹下の姿はもう見えなかった。

「橋本君のお父さんの龍伍さんは、かつて全盛の吉田（茂）さんに辞表を叩きつけて、閣僚を辞めたこともある。龍太郎さんは、その気骨を受けついでいる。

橋本君をみていていつも感心するのは、本を片手に持って国会へ来ることだ。これほど本を読み、よく勉強する偉い人はいない。私などは、本をちょっと読むとすぐにねむくなる」

二階堂はこう語って聴衆を笑わせたが、竹下といい、二階堂といい当たりさわりのない演説である。田中の長期不在中、創政会と非創政会とで激しいサヤあてを演じているのが信じられないほどの印象である。

壇の上では、橋本の謝辞が始められていた。

「私は敗戦の時、小学校の二年生でした。兵庫県の日本海に面した、小さな漁師町で終戦を迎えました。

それが政界に入ってすでに二十二年、恩師佐藤（栄作）先生はなくなられてもう久しいものがあります。

田中（角栄）先生は育ての親でありますが、お元気なら必ずかけつけてくれたのにと、淋しい気持ちが致します。しかし、同時に時代は動いてきたなあと感ずる、このごろであります……」

その時、壇の下で、二階堂のそばへ寄ってゆくと、なにやら挑むように声をかけたのは、梶山静六であった。

「二階堂さん、あなたはパーティーの発起人に三木元総理らを加えたのはどういうことか。あれは、オヤジの政敵じゃないか」

「なにをいうか、オレは派閥より党を考え、全党的にやろうとしているんだ」

「あんたはとにかく欲がありすぎるよ」

「バカいっちゃいかん。オレはそんな気はありはせん。飛躍のしすぎだ」

「そうですか、そんならいいが……。いや、ご無礼致しました」

茨城弁の口調もあらわに詰め寄る梶山に対し、二階堂もむっとした口ぶりでいい返すシーンが、会場の喧騒の中で続けられていた。壇上での二階堂や竹下らの和やかそうな挨拶よりは、壇の下での二階堂と梶山のやりとりの方にこそ、その時点での田中派内部の〝真実〟が存在しているようだった。

とにかく、梶山は創政会のその後の行動に二階堂らからとかくの制約を課されることに強い憤激を感じていたのだ。それで、二階堂が自らのパーティーに三木、福田らをも発起人に加えたことを奇貨として、ここぞとばかりに一矢むくいる逆襲に出たのである。

「オヤジの入院中は、創政会活動を自粛しろといいながら、自分の方はどうだ。三木や福田まで加えている。これこそオヤジの気持ちを逆なでするものじゃないか。これを聞いたら、オヤジの病気は悪くなるだろう。

このまま進むというのなら、二階堂に田中派会長を降りてもらうしかないぞ」

梶山は、二階堂のパーティー開催の話を聞いた直後から、周辺にすでに憤懣をぶちまけていた。そして実際に、橋本龍太郎の激励会の時に、二階堂がやってくるのを待ち構えていて、二階堂に対しじかに不満をぶっつけたのだ。このため、二階堂はとどのつまり、三木や福田を発起人から外すことに方針転換したが、田中派内の亀裂は、いまだれが見ても明らかなことだった。

梶山ら創政会のメンバーたちは、その上でさらに、四月十八日の創政会会合は、もう今度はだれがなんといおうと、予定通り開く決意だった。

十八日は朝早くから、東京・平河町の砂防会館別館前には、新聞、テレビの報道陣が待ちかまえていた。

砂防会館別館は、赤レンガのタイル張りのしゃれた建物だ。その三階に田中派事務所もあり、会議室がある。隣り合わせの薄青色の旧館の方にも政治家の事務所が多く、二階には中曽根派の会議室があるし、四階には中曽根個人や宇野宗佑の政治事務所もある。

その二つのビルのちょうどまん中あたり、道路に面して、元全国治水砂防協会会長、赤木正雄の堂々とした、銅像が建っている。赤木は兵庫県豊岡市の出身、わが国の治山治水学の先覚者で、文化勲章受章者である。銅像は赤木の功績を称えて四十六年十二月に建立されたものであるが、早朝から詰めかけた記者たちの中に、この銅像に見入るものはひとりもいなかった。

間もなくやってくる議員たちが、きょうの創政会会合では、何人に上るかが、最大の関心事なのである。銅像を見やる余裕などはありっこない。砂防会館別館の玄関を入っていくひとりひとりの数を絶対に見落とせないのだ。

この日の会合は、二月七日の発会式以来二回目の会合であるが、三月七日の予定を四月四日に延ばし、それをさらに四月十八日に再延期した上での開催であった。講師を招く会合としてはこれが第一回で、この日は講師には、地球物理学の東大名誉教授竹内均を招いていた。

二月の一回目の会合の時のように、創政会と非創政会陣営側が対立して、出席者の引っぱり合いをするというようなことは、今度はなかった。しかし、二回目の会合に創政会側が何人出席させられるかは、政界ひとしく注目するところであった。

十八日の第二回会合を意識してか、その直前、非創政会議員による目立った動きもあった。

たとえば、元防衛庁長官山下元利の発言だ。

山下は、四月十五日、内外情勢調査会の福岡支部懇談会で講演した中で、

「来年秋の自民党総裁選には田中派の独自候補を出すべきだ。その場合、田中派を結集できる二階堂副総裁がその任にあると思う」

と明言したのである。山下は、十八日の創政会会合についても「田中元首相が入院中であり、

延期した方がよいと思う」とつけ加えることを忘れなかった。このため、翌十六日には、橋本（龍）と山下との間で「不穏当な発言だ。取り消せ」「いや、取り消さぬ。私の信念からいったまでのこと」とのやりとりまであったほどだ。

それだけに、十八日の出席者数はいよいよ注目を集めるところとなった。結果は、衆参両院議員四十九人（議員四十三人、代理六人）の出席であった。前回より九人ふえている。

「創政会」第二回会合に向かう竹下登

二回目会合出席者は次の通り。

〈第一回会合から出席〉

▽衆院＝足立篤郎、竹下登、亀岡高夫、小渕恵三、橋本龍太郎、大村襄治、山村新治郎、小沢一郎、佐藤守良、羽田孜、渡部恒三、梶山静六、中村喜四郎、村岡兼造、田原隆、中島衛、西田司、畑英次郎、鳩山邦夫、保利耕輔、近岡理一郎、野中広務、榎本和平、塩島大＝代理、戸塚進也、仲村正治、額賀福志郎、平林鴻三、野呂田芳成

▽参院＝梶木又三、遠藤要、山東昭子、中村太郎、堀江正夫、増岡康治、松尾官平、井上孝、岡野裕、志村哲良、松浦功

〈初出席〉

▽衆院＝綿貫民輔（富山二、当選六回）、渡辺栄一（岐阜二、同八回）＝代理、熊谷弘（静岡三、同一回）＝代理

▽参院＝上田稔（京都、当選四回）＝代理、斎藤十朗（三重、同三回）、藤井裕久（比例、同二回）＝代理、藤田栄（静岡、同一回）、竹山裕（静岡、同一回）、高木正明（北海道、同一回）＝代理

新たに議員本人が出席したのは、綿貫民輔（衆院）、斎藤十朗、藤田栄、竹山裕（参院）の四人。また秘書を代理として出席させたものが、渡辺栄一、熊谷弘（衆院）、上田稔、藤井裕久、高木正明（参院）の五人を数えた。

竹下の「創政会」の基盤は、着実な拡大をとげていたといってよい。自民党の党則では総裁選挙予備選挙には議員五十人の賛同を必要とするが、竹下はこの出馬資格をすでに手中にしたというべきだった。

田中（角）が入院してから一ヵ月半余を経過して、田中派内の分極化のおもりは、大きく竹下「創政会」に傾いたようだった。

竹下は、冒頭、挨拶に立つと、

「この場所で二月七日に第一回の会合を開いてから七十日が経った。そのあと、思いがけない田

中先生の入院があったが、私たちは一日も早い先生の回復を願っている。きょう、新たに仲間を加えたが、初心を忘れないで、さわやか勉強会を続けていきたいと思う」

と、淡々とした口ぶりで述べた。しかし、竹下は「今後もさわやか勉強会を続けていく」と述べたことで、自らの不退転の決意をそれなり示したつもりだった。

〽行こか戻ろか迷うが坂を
　ままよ越えなきゃ世が明けぬ……

竹下はそのころ、船頭小唄の節回しでこんな唄を口ずさむようになった。田中の抵抗を押し切って「創政会」を発足させ、その後、田中入院のあとの派内の確執に悩まされながらも、どうやら二回目の会合にまでこぎつけてきた。そこに、竹下とすれば〝迷い坂〟を越えたという、ふっきれた思いがよけいに深まっているのかもしれなかった。

竹下「創政会」は、一応、次回の会合を五月九日に開くと決めて散会した。

その日、元首相田中は引き続き東京逓信病院に入院中で、当番役の二階俊博を除けば、病院に顔を出した議員はなかった。

二月末の入院以来、約二千五百人もの見舞い客が訪れたが、いぜん「近親者以外は面会謝絶」の状態が続き、政治家で会ったものはなお皆無とされていた。

元首相は日々、リハビリに努めているものの、右半身の不自由と言語の障害が残っていると伝えられていた。秘書の早坂らによって四月初めには、病院の屋上から車イスで花見を楽しんだなどとの話も披露されていたが、これを額面通りに受けとる向きは少なかった。

竹下「創政会」の着実な歩みや、これに対抗する二階堂ら非創政会グループの動きを田中はどう考えているのか、東京逓信病院の病室からはこれっぽっちも田中の声や意向は伝わってこなかったのである。田中不在による《「角抜き」政局のスタート》がもう目に見えて進んでいた。

目白への帰宅、極秘作戦

その間田中の病状をだれよりも早く、だれよりも正確に知っていたのは、首相中曽根康弘である。

四月末に中曽根系の参院議員の集まりである「金曜会」のメンバーと会食した時に、中曽根はなにか自信のあるような口ぶりで語ったというのだ。

「右手足がマヒしているので、一人では一、二分しか立っていられない。だから、年内は自分での歩行は無理なんだよ」

この中曽根の語るところを聞いていた議員の中には、

（総理は、あるいは角さんのカルテでも見ていてそういっているのか）

とまで思ったと伝えられていた。

中曽根の情報源がどこにあるかは定かでないにしても、最高の権力者という立場からいって、あらゆる情報を得られることとは、また確かなところだった。

中曽根は、田中の病状が長引いていることが、自らの政権維持の上で不利であるなどとは、もちろんこれっぽっちも思っていなかった。

中曽根の腹の中は、むしろ逆である。田中の重しが取り除かれたことによって、中曽根はいっそうの自信を深めていた。政局がらみで火事の元にもなりかねなかった日米経済摩擦問題も四月九日に発表した「第七次対外経済対策」を柱になんとか乗り切っていたし、近づくボン・サミットにも絶対の自信を持っていた。

「サッチャー英首相やホーク豪首相のように、私も大統領的首相になって力強く政策を推進してまいりたい」

四月二十四日夜、都内で開いた旧制静岡高校同窓会の席では、中曽根は昔からの仲間うちの気安さという気持ちもあってか、そうまで意気軒高たることを示していた。

「この二年半、箸の上げ下げまで口うるさくいってきた男が沈黙したんだ。総理は初めて自前の政権運営ができるようになった解放感にひたっているんだ」

中曽根の言動をみていて、元首相福田ら福田派の幹部は、なかば皮肉まじりにつぶやいていたが、中曽根は素知らぬふうだった。

四月下旬、読売新聞社が実施した全国世論調査では、内閣支持率は前よりさらに一・五％上昇して五五・九％となった。これは、中曽根内閣として発足以来最高の数字である。一方、不支持率は、二六・五％でしかない。

中曽根は記者団と懇談した時に、シャンソンや流行歌を三曲続けて歌ってサービスしたりした。

中曽根は、田中の長期入院や引き続く内閣支持率の高さに、いま解放感と満足感を心から味わっていたのである。

国会は当初会期の百五十日間が、四月二十九日で切れることになっていた。そこで、自民党・新自由国民連合は、四月二十六日の衆院本会議で六月二十五日まで五十七日間の会期延長を決めた。

中曽根はこの会期延長が決まったのを見とどけて、西独公式訪問とボン・サミット出席のため、四月二十九日夜、羽田を出発した。

「残雪や　マッキンレーに　雲湧けり」

アラスカのアンカレジを経由して、西独ケルンの空港へ向かう途中、俳人中曽根は一句をものすると、これを記者団に披露するという余裕ぶりであった。

サミットを前に、西独のコール首相との会談では、外交に自信を持つ中曽根の応対は堂々としたものだった。

現地時間の五月一日午後には、コール首相の案内で、ビンゲンからポッパルトまで四十余キロのライン下りを楽しんだりした。

このあと、ボン・サミットは、フランス大統領ミッテランの不協和音を残しながらも、五月四日には、「経済宣言」を発表して閉幕に向かっていた。日本国内でも四月末からの黄金連休は、五月一日のメーデーが絶好の五月晴れに恵まれるなど、平穏なうちに過ぎようとしていた。

その間のニュースといえばほとんどがサミットの動きに集中しており、東京逓信病院の田中ってていた。
（角）のことはなかば忘れられているようすであった。担当の記者やカメラメンらは引き続き病院の玄関前に待機していたものの、もう一々の見舞い客のことなど新聞紙面には報道されなくなっていた。

連休の間の五月四日（土曜日）は田中の六十七歳の誕生日であった。病院の田中のもとへは、サミット出席中の中曽根、蔵相竹下や副総裁二階堂らの花束が届けられ、ケーキの贈りものもあった。この日、病院を訪ねてきたのは、小沢辰男と農水相佐藤守良の二人だけであった。もともと、誕生日のパーティーだけはしたことのない田中は、六十七歳のその日も、病室の中でリハビリに専念しているはずであった。だれもがそう思っていた。

ところが、翌五月五日、日曜日の早朝、東京新聞朝刊の特ダネが、再び田中の動静をめぐって、政界と世間を驚かすもととなった。

田中は、連休直前の四月二十八日、病院から東京・目白台の私邸に帰宅したという特報であった。田中が二月末に発病入院した時はＮＨＫが一番先に報道したが、今度は東京新聞の特ダネであった。どうやら警察関係筋から得た情報であるなどといわれていた。とすれば、四月二十八日以降、逓信病院に見舞いに行ったものは、実際には本人がも抜けのカラのあとに、見舞いを続けていたわけであった。

五月五日の日曜日の早朝から、報道陣の取材は再び活発となった。

このあと、秘書早坂茂三を窓口とする、田中サイド及び田中家側の報道陣に対する対応は、クルクルと二転三転した。

早坂はまず、五月五日午前、担当の記者団に対し、「田中元総理は四月二十八日朝、一時帰宅したが、五月三日には再び病院に戻った」と明らかにしたのである。

中曽根はボン・サミットを終えて西ベルリンを訪問中であったが、田中が帰宅したことを記者団に聞かれると、

「それはよかった。家に帰りたくなったのかもしれない」

とだけ語った。しかし、中曽根はすでに日本を出発する前日に、田中が帰宅したことは承知ずみのような口ぶりであった。

二階堂は知らなかった。二階堂は五月二日から鹿児島県高山町の自宅に帰っていた。四百五十年も前からの歴史を誇るという宏壮な屋敷の中で、初の内孫の初節句の祝いをしたりしていたのである。

田中派事務総長の小沢（辰）は五月四日に病院を訪れたりしているのであるから、もちろん知らなかったであろう。総務庁長官の後藤田も正式には知らされていなかった。

一方、幹事長金丸信ももちろん知らない。金丸は連休中は家族と共に静養のため、ハワイに向かい四月二十七日夜、成田を発っていた。これには、副幹事長の浜田幸一が同行している。金丸が帰国したのは、五日の昼すぎだ。

記者団との対応に当たった秘書の早坂も実のところは、あとで知らされたといわれていた。

つまるところ、田中（角）の目白への帰宅は、まったくの極秘作戦だったのである。かねて、三月なかばのころから、東京逓信病院側と田中家側との不和説もチラホラと流れていたところか

ら推察もつく通り、家族の側の強い希望と主導によるものであった。しかも、自宅へつれ戻すことについて、二階堂や小沢にも知らせていないのだ。そのへんに、長女真紀子を中心とする田中家の家族たちの意向が色濃くのぞいているようであった。

真紀子や夫人らの家族は、結局のところ、夫であり父である田中角栄を、自らの手元に取り戻す決意を固めたのだ。だから、田中直系の議員といえども知らせなかったし、秘書スタッフの中でも協力を求めたのは、目白台の私邸に常時詰めている、山田泰司、古藤昇司、田中利男らのごく限られた人たちだけであった。

二月末の父親の発病入院以来、真紀子の憤懣と怒りは、実は田中直系議員たちの動きにピタリと向けられていた。

副総裁二階堂は、田中の留守を預かるということを表面上は口にしながら、父親と長年対立関係にある三木や福田にまで接近しようとした。

創政会設立に走った竹下や金丸にももちろん憤懣はあるが、田中直系と目された小沢（辰）は深いところで、その竹下とつながっているとの説もある。後藤田もいまは、中曽根にぴったりと寄り添う政治的立場である。

となれば、真紀子や家族にとっては、いったいだれを信用したらいいのか――

「政治はきらいです」――との真紀子の刺すような言葉は、父親の入院以後、二ヵ月間の政治家たちの動きを見守ることの中から出てきた。

だから、真紀子は父親の目白への帰宅をだれにも知らせず、極秘のうちに目白帰宅を強行したのだった。二月末に倒れた直後には、二階堂、小沢、後藤田の三人にだけは急ぎ連絡をとったことと思いあわせれば、驚くほどの田中家内の変化の流れであった。

マスコミがどれほど騒ごうと、あるいは田中派議員がどれほどとまどいを示そうと、それは知ったものではなかった。田中家の家族にとっては、一に夫であり父親である田中角栄の身を思う立場しかなかったのである。

長女真紀子の考え方は、五月十日付けの後援会機関紙「月刊越山」（五月八日配布）に真紀子が「父の近況ご報告」と題して寄せた一文の中に明らかにされている。

――父が今までのように実務一本ヤリの人ではなく、更に広く深い思索に裏付けられた〝哲人政治家〟として甦ってくれることを願っています。

――私ども家族が皆様へご恩返しができるとすれば、それは父を再び皆様の元へお返しすることであると考えます。いまは第二の人生へ出発前のモラトリアム（猶予期間）であるとご理解頂きとうございます。

真紀子は、父をあくまで自らの手中のものとして、再び政界へ、〝ニュー田中角栄〟として送り返す決意であった。

イトーピア、田中事務所の閉鎖

だが、元首相の目白への帰宅問題を通じて、肉親の田中家と家族、秘書早坂茂三、そして越山会の女王佐藤昭子との関係もこじれにこじれ、これが表面化するようになっていった。

秘書早坂の立場は、政治家として個人として田中角栄の早期回復を願うものであることには変わりはなかった。だから、早坂は病院に詰める記者たちへの発表を通じて、田中の回復が順調であることをしばしば力説した。元首相がリハビリに懸命に取り組んでいることをしきりに強調したのである。

しかし、四月二十八日に田中が帰宅したと東京新聞にすっぱ抜かれた時には、早坂も対応に悩み苦しんだ。東京逓信病院側の反対を押し切って、家族が田中を自宅につれ戻したと聞いて、早坂も家族と病院、さらには田中派内部の苦慮する声に板ばさみになる結果になったのである。

そこで、早坂は必死のとりつくろい工作に出た。

「五月三日にはすでに病院に戻った」

と、ウソの発表をしたのは、そのためであった。しかし、そんなことは調べてみればすぐにわかることだ。病院内の空気からいえば、田中がいないことはもう明らかだったし、報道陣のだれもが早坂の述べるところを信用もしない。

一両日後には、元首相は引き続き目白邸に留まっているとの見方が強くなった。

決定的だったのは、五月九日、選挙区の長岡から上京した、砂利採取業間島組の社長間島長一が、目白邸を訪ねて出てくると記者団に追及されるままに、

「元総理は話をせず、顔色もよくなかった。右半身だけでなく、左足なども不自由に見えた」

と語ってしまったことだった。中央の政治事情や家族の思いをよく知らない間島は、マスコミの攻勢に不慣れなままに、つい正直なところを話してしまったのだった。

となれば、元首相の所在はもう明らかで隠しおおせるものではない。

ところが、早坂はこの点、記者たちに聞かれると、引き続きしらばくれて、

「ほお、宇宙人にでも会ったんじゃないの」

と答えた。こうした早坂の発言も、家族にしてみれば、神経を逆なでされる思いがあっただろう。

早坂もとうとう五月十一日夕には、東京逓信病院の渡辺院長と共に記者会見して、先の発表の訂正と謝罪をせざるを得なくなった。

元首相は四月二十八日午前、本人と家族の希望で帰宅した。その夜はいったん帰院したが、翌二十九日改めて連休中私邸で過ごしたいむねの話があり、同夜、私邸に再び戻ってそのまま留まっているというのであった。

これに対し、田中家側は自民党担当記者の集まりである平河クラブに電話をかけると、

「早坂秘書らの発表は、田中家側としては一切関知しない。関係は断絶している」

とのメッセージを伝えてきた。ここに、田中家と早坂秘書、さらに帰院を終始求めていた病院側との対立感情が一気に露呈した。調整に走り回っていた田中派幹部もとここに至っては、いずれも手を引いてしまった。

同夜、早坂は記者団に経過を説明した。

「病院側にもいろいろな手違い、ケアレスミスがあったかもしれない。それに真紀子さんが飽き足らず、イライラする気持ちが高まり、自宅に帰るという問題も起きてきた。

今後、万全の医療を行なうには田中元総理が現在、田中邸にいることを即刻公表することが必要だという医師団の見解に私も賛成したが、真紀子さんの同意を得るに至らなかった。身内でありながら、病院の側に立った私へのやり場のない怒りなどが真紀子さんらのメッセージにつながったと思う」

という趣旨の内容であった。

このあと、五月十六日夕には、長女真紀子と夫の直紀代議士夫妻は、東京逓信病院を訪ねると、加島主治医に対し、正式に退院届けを提出した。

だが、いったん発生した感情的対立は、これにとどまるものではない。田中家側の長年にわたってたまりにたまっていた感情的なものが、この機会に一気に爆発した。

六月六日になると、田中直紀は元首相の意向であるとして、突如、東京・平河町のイトーピアビル二階にある田中事務所の閉鎖を発表した。直紀が記者会見して述べたところでは、イトーピア事務所は六月一杯で賃貸借契約（一ヵ月の家賃三百万円）を解消し閉鎖する。越山会事務所は、今後は目白台の私邸内に移すということであった。

イトーピアの事務所は、田中（角）がロッキード事件に問われ、自民党を離党したあと、五十二年四月に砂防会館旧館の事務所を引き払って移転して以来、八年余にわたり使ってきたものである。

いうなら、田中にとって政治前線ともいうべき本拠地であった。

田中はたいがいの場合、昼前後にはこの事務所に出てきて、田中派を初め政界の客たちと会うのに用いてきたのだった。

それを閉めるということは、政治家田中として、近く引退を決意しているのではないかと思われてもやむを得ないところだった。

だから、「寝耳に水」と、田中派議員たちも一斉に驚きを示したのである。

しかし、イトーピアの田中事務所には、常時、早坂と佐藤昭子ら五人の秘書が詰めており、真紀子にすれば、とくに、佐藤昭子の存在は、女と女との対立感情の上での敵のように受けとられてきたのだ。

イトーピア事務所の中で、佐藤昭子の実力は絶大だった。いつも田中の身辺にはべり、政治資金の出入を一手に担当してきたのである。

佐藤昭子は、田中と二人だけの時、あるいは親しいものがいるだけの時などには、田中に靴下をはかせてやったり、田中の髪をくしけずってやったりした。そういう関係が、目白のはな夫人や長女真紀子にとっては、不愉快至極の存在であるのは当然だった。

田中が東京逓信病院に入院したあと、真紀子ら家族は佐藤昭子が病室に近づくのを一切シャットアウトしていたが、だれの手引きによるのか、佐藤が一回だけ病室に入った、との説もあった。そんなことも、真紀子の感情を刺激していた。

だから、父親の長期療養のこの機会に、イトーピア事務所を閉め、佐藤とあわせて早坂を解雇するとの決定は、感情のおもむくところでもあったのである。

真紀子ら家族にとっては、この場合も田中派議員がどのような受けとり方をするかは関係のないところであった。この機会にこれまで父親の威光と力を利用し続けてきたと思われる存在を一気に追放しようとの決意だった。そのことが、田中城落城とか、田中時代の完全終了を意味するとか思われようと、気にするものではなかった。

「そうはいっても、二人はこれまで長い間、われわれと一緒にやってきた同志だ。物を捨てるようにおっぽり出すわけにはいかない」

と、二階堂はいった。そこで、二階堂は竹下や金丸らとも秘かに二人の処遇を相談した。イトーピアの隣りの砂防会館内にそれぞれに事務所を設けさせてはとの話も検討された。

二階堂はこの旨を、田中直紀にも伝えた。しかし、直紀は六月十三日午前、二階堂のところを訪ねると、

「父に報告したところ、そこまでしなくていいとのことだった」

と伝えた。イトーピア事務所の閉鎖に続いて、早坂、佐藤両人とは今後、田中派として一切関係ないようにしてもらいたいとの意向を表明したのだ。対立感情のいまは流れ流れていく結果ということであった。

それと同時に、砂防会館の責任者となっている、元自民党副総裁西村英一（全国治水砂防協会長）が、砂防会館内の事務所を貸すことに反対した。西村は、田中が健在だったころからずっと、佐藤昭子の存在を嫌っていたからである。

こうして、イトーピア事務所は、六月二十二日に完全閉鎖された。早坂と佐藤はそれぞれ別に新しい事務所を設けることになった。

こうした一連の動きと対立を通じて、創政会、非創政会を問わず田中派議員と田中家との関係は、きわめて冷却化するような状況になっていった。政治家田中角栄の完全復帰は、もはやこの面からも望みえない流れとなった。

政治の権力世界への執念という意味では、田中家の家族たちの考えは、政治家たちの思惑とは次元を異にしていた。権力構造の維持ということでは、真紀子ら家族の欲するところは、まだまだ淡いものでしかなかったのである。

田中派内部で、田中家に好意を寄せる議員は戸井田三郎や佐藤信二ぐらいになったとさえいわれていた。

田中家では六月十三日に、新潟県見附市で開いた、越山会の会合に戸井田三郎に出席してもらい、田中の現状や今後の復帰への決意を説明してもらった。イトーピア事務所の閉鎖発表は、地元の越山会の組織内部にも大きな動揺を生んでいると聞いたからである。

しかし、戸井田を通じての説明だけでは不十分だった。地元の越山会に対しては、田中の病状が回復に向かっているとの具体的なあかしを示す必要があった。

それには、田中の最近の模様を写真にとり、これを示すのが一番手っとり早い。真紀子ら家族も、当初はまさかそんな事態に追い込まれるとは思いもしなかったのだ。

六月十六日の日曜日は父の日であった。田中邸内の事務所で、直紀、真紀子の夫妻は父親の姿を何枚かポラロイドカメラで撮影した。

その中の三枚を機関紙「月刊越山」(六月二十五日付)に、「元首相はこんなに回復。引退はしない」という見出しをつけて掲載した。

六月二十五日はちょうど国会の最終日に当たっていたが、その夜、都内のホテルで開いた田中派のパーティーの時に、直紀はそれを議員たちに手渡し、披露した。

直紀ら家族にすれば、事務所閉鎖や秘書解雇によって生じた不安感を少しでも軽減しようとの考えだった。「月刊越山」は本来は毎月十五日が定例発行日であるのに十日遅らせ、国会終了日に合わせて発行したわけだった。

しかし、田中の近影は、むしろ、世間に闘病中の弱々しさを印象づけるだけであった。これによって、田中が不死鳥のように甦るとは、多くのものが思わなかったのである。

政治家田中角栄の事実上の終えんは、もはや避け難かった。田中時代は終わったのである。田中抜きの政局の動きは、すでに定着し、家族の苦心による写真の公表も、それに棹さすことはできなかった。

金丸信の対中曽根戦略

田中抜き政局――それはもう確かにその通りであった。中曽根がそうなら、幹事長金丸も蔵相竹下も、あるいは総務庁長官後藤田もそうだった。政界人の意識と行動は、すでに〝田中抜き〟が前提であった。《角抜き政局のスタート》は動かしがたいところだった。政界有力者にとって、行動上の処世訓は、恩情や他への思いやりにあるのではなく、あくまで現実重視と冷徹さの貫徹にある。

田中が表舞台から完全に去ったいま、今度は新たに、中曽根ととくに幹事長金丸を主軸とする、綱引きと戦いが始まっていた。

協力するのかしないのか、協力するようでいて完全に協力もできない、金丸信の対中曽根戦略が大きく前面に浮かび上がるようになってきたのである。春から夏にかけて、さらに、今後は秋から来年（六十一年）にかけて、中曽根と金丸の戦いが延々と続いていく状況となってきたのだ。

「叩いているようでさすっている。さすっているようで叩いている。それが政治だ」

金丸は、前にこういったことがあった。その言葉は、いま、中曽根と金丸との関係についてもあてはまるようだった。

赤坂プリンスホテルの新館を背後にした、東京・紀尾井町の料亭「清水」で、中曽根と金丸が極秘会談を持ったのは四月二十六日夜である。

その前夜の四月二十五日には、中曽根は赤坂の料亭「茄子」で、前首相鈴木善幸と会っていた。鈴木は、田中抜きが決定的となったあと、それとなく中曽根との関係修復をめざしていた。田中不在によって、相対的に中曽根の力がましたとみられる以上、鈴木は将来の宮沢政権作りのためには、中曽根に接近する必要もあると考えたのだ。そのことは、中曽根にとっても、願ってもないことだったから、二人の単独会談が実現した。

それを受けて、金丸は今後の政局動向について、中曽根のハラをよく叩いておく必要があった。連休中は中曽根はボン・サミットへ出かけ、金丸はハワイへ静養に旅立つ日程だ。その前に、連休明け後の政局運営を含め意見交換をしておく必要があった。

「総理、私はあなたにはっきりいっておくが、政治は国家のためにある。私はそういうつもりで、いまは一心同体、泥は私が一人でかぶるというつもりでお仕えしているんだ」

「ありがとうございます。私も党のことはあなたにお任せしています」

「そこでだ、私はいま早期解散に訴える理由がないと思う。この国会中はもちろんのことだが、秋になっても同じことだ。となれば、秋に臨時国会を開かなくてもいいと思うが……」

「鈴木前首相に昨晩お会いしたら、同じようなご意見で、解散、総選挙を急ぐなということでした。しかし、秋の臨時国会のことはまだ……」

「いや、私は秋に臨時国会を開くとなると、それが解散、総選挙の導火線になりはしないかと恐れている。それで秋の国会召集は慎重にといっているのだが……。まあ、あなたの返事はいま聞かなくてもいい」

「そうですか。私もよく検討させてもらいましょう」

料亭「清水」の奥まった座敷で、中曽根と金丸との核心にふれる話し合いが続いていた。中曽根は杯に手をのばしたが、健康を気づかう金丸はアルコールをほとんど口にしなかった。

秋の臨時国会召集を見送れと、金丸がここで迫ったのは大きな理由があった。

第一には、六十年十月末には、党三役の任期一年が切れるので、党と内閣を含めた改造人事が予定されている。金丸はその時に、幹事長としてどうしても再任されねばならなかった。竹下や安倍への世代交代を来年秋に実現するためには、金丸はどうしても幹事長の地位と権限がほしかった。

しかし、改造人事の日程を前に、臨時国会を召集すると、どんな波乱があるかもしれず、練達の金丸にしても、さすがに手につかねることもあろう。その結果、幹事長のポストを失うことになっては一大事である。

しかも、田中派内は田中（角）の統制力がなくなったことによって、分極化現象を強めている。そのことも金丸にとっては、決して、明るい材料ではない。中曽根に足元をみられることもあり得るのだ。

そのうえ、かりに秋の解散、総選挙によって中曽根自民党が大勝利を収めるようなことがあれば、それは幹事長金丸として誇りになることだが、同時に中曽根の力を強めてしまう。中曽根は、本気で総裁三選や総裁任期の延長をねらってくるかもしれないのだ。金丸にとっては痛しかゆしの事態である。また逆に選挙に敗北すれば、再び二階堂擁立のような動きが再燃するかもしれない。それも金丸にとっては好ましくないところだ。

だからこそ、金丸は中曽根に対し一本クギを刺すつもりで迫ったのだったが、中曽根もさすがに言質を与えるのを避けてしまった。金丸は、問題は連休明け後に持ち越されたと考え、なかば重い気持ちでハワイ静養に向かったのである。

連休が明け、帰国したあと、金丸は息つくひまもないように、一連の発言を続けていった。

「秋の臨時国会は解散の火ダネを作ることになるので召集すべきではない。懸案の処理は、通常国会の召集を早めればすむことだ」

五月十五日朝、金丸は鈴木派の若手議員たちと懇談した席で、まずこうぶち上げたのである。

五月十七日夜には、ある有力経済人のきも入りによって、東京・築地の料理屋で、金丸は元首相岸信介と一時間四十五分にわたって会談した。これには、農水相の佐藤守良が同席した。おもに金丸が話し役であり、岸が聞き役であった。

「中曽根総理は来年秋までの任期を全うし、後進に道を譲るのが自然だ。世代交代は時の流れです」

金丸が強く説くところに、長老岸も賛意を示したと伝えられた。金丸が岸を前に、これほど熱っぽく自説を訴えたということは、逆にいえば、金丸は中曽根との会談を通じて、田中抜き後の政局展開の中で中曽根が長期政権への野望を秘めていることを鋭く感じとったからに他ならなかった。

金丸は、中曽根の野望を世代交代を阻害するものと受けとっていた。

五月二十日、金丸は今度は民放テレビの番組に出演すると、

「新しい総裁の場合は別にして、いまの中曽根総裁の任期（二年）を三年に延長するのはよくない」

といった。さらに、金丸は五月二十二日、秋田市の講演の中で、まるでたたみかけるように、

「中曽根首相は、来年秋に任期がきたら辞め、一期休んで次のときにやればいい」

とまで表明したのである。

金丸は、四月のなかばごろ、

「世界が速いテンポで動く中で、七十、八十歳の総理・総裁では、国民の要望に応えられない。むしろ若いものが先頭に立ち、年長者は経験を生かして指南役になればよい」

と述べたことがあった。五月二十二日の秋田講演の中でも後段でつけたすように同じ趣旨のことを述べている。

金丸のいわんとするところは、副総裁二階堂の進路も含めて、長老たちの画策に対する牽制がこめられていたのだろう。

しかし、連休明け後の五月段階では、金丸の眼中にはもはや二階堂のことは二の次である。あるのは、中曽根の野望に対する、異常なまでの警戒心だった。「あなたのために、泥は私一人でかぶる」と、金丸は中曽根に対して語りながら、金丸はその腹の中では、中曽根に対する警戒心をとかなかった。九月で七十一歳になる金丸には、残された時間もそう多くはなかった。

だからこそ、金丸は中曽根の側からすれば「どちらが総裁でどちらが幹事長か」と思えるほどの一連の陽動発言を続けたのだ。

金丸をそこまで走らせた原因も、実のところ田中（角）の長期不在によって、田中派が求心力を欠いてしまったところにある。

百二十人の勢力が団結していた田中派は、中曽根に対し、強大なにらみと迫力を有していたが、田中の重しを欠いたいまは、中曽根にとって有利な状況になりつつある。

「田中派百二十人が背景にあったからこそ、金丸を幹事長に起用した。しかし、それが分裂する状況となっては、金丸を幹事長にしておくことも考え直さなくては……」

中曽根周辺が、このようにもらしているということも、金丸の耳には伝わってきた。

中曽根は五月二十七日、六十七歳の誕生日を迎えた。

「生まれて以来、坂の上の雲を追いかけてきた。過去六十七年は、この（総理在任の）二年半のためにあった」

中曽根はその心境をもらすと共に、

「かにかくに　五月の空の　澄めること」

と、得意の一句を披露した。中曽根は政権の前途に暗雲を見ていなかった。

中曽根は、先の西独訪問中もしきりに俳句を作った。

「壁こえて　薫風　旗を翻す」（五月五日、西ベルリン）

というものもあった。サミットに同行した河本派の海部俊樹には、

「渓若葉　地酒濃き味　ローレライ」

との自作を色紙にしるして、贈ったりした。

その上、中曽根は東大在学中からこれまでに作った俳句の中から、約三百七十句を厳選して『中曽根康弘句集』を出版した。

これには、フランス語、英語、中国語の訳もつけ、七月中旬からの訪仏の際には、ミッテラン大統領へのプレゼントに持参していった。

とにかく、中曽根は自信満々であり、余裕たっぷりでもあった。

さすがの金丸も、焦燥の色を強めるばかりだ。

中曽根長期政権への野望

このような流れへの認識は、金丸だけではない。非創政会を含む田中派議員のひとりひとりにしても同じことだった。

「とにかく田中派を割ってはいかん」

というのが共通した認識である。

実際には「創政会」と非創政会議員とが二つに大きく割れて、互いに主導権争いを展開しているのは明らかなのに、表面上は割ってはいけないという考え方だ。

というのも、秋以降に予定される改造人事への配慮があるからである。問題は金丸の幹事長ポストだけではない。田中不在後の田中派議員にとっては、次期改造人事で閣僚のイスをいくつ、そしてだれが入閣できるかが重大な関心事である。

田中の強力な影響力行使の下に、これまでは百二十の数を保持していたから、田中派は閣僚ポスト六を確保していたのであった。それがいまや田中を欠き、さらに百二十の団結がこわれることとなっては、六ポストの確保は絶対に難しいであろう。

そこで、内実は別として表向きは引き続き一つであることの体裁を整えようとした。そのための努力も続けようとした。

非創政会の幹部、田村元のとりなしで、二階堂と竹下が秘かに会談したこともあったし、その後も二階堂と竹下は何度か会って協議を続けた。

田村は、長年の政界暮らしによって、政界の中に流れるルールの酷薄さをよく承知している。「田中派が割れれば、自民党は六弱の派閥勢力になる。そうなった時の田中派がいかにみじめであるかは、だれだってわかる」

と周辺に語っていた。自民党内の党内勢力が〝六弱〟になれば、それで得するのは中曽根くらいのものだ。

「中曽根総理は現金など仁だ。ふだんは、田村君と君付けだが、こちらにモノを頼んでくる時は、田村様と様付けになる」

と田村は笑いとばしていた。田村はそこで少なくとも秋の改造人事までは、田中派が分裂してはならぬとの考え方だった。

しかし、そうはいっても「創政会」への対抗意識は隠せない。

だから、五月二十五日に、田村の政治生活三十周年を祝う会が、地元の三重県津市で開かれた時、二階堂、江崎真澄、小宮山重四郎、内海英男、愛知和男ら非創政会のメンバーが多数かけつけると、田村のパーティーはつい「二階堂擁立」の大会のようになってしまった。

田村自身が、会場の熱気のままに、

「三十年来、弟のごとく、おいのごとく愛してくれた二階堂さんのために政権を何とかつくりたい。これが悲願である」

とまで述べてしまったのである。一方で、田中派内の分裂回避を口にしながら、これはやはり正直なところが表に出てしまったというべきだった。

二階堂と竹下、金丸の融和、そして田中派内の一致結束の重要さに思いを致しているのは、後藤田正晴や小沢辰男らの幹部にしても同じことだった。

とくに、創政会と非創政会グループ間の調整役として後藤田の果たす役割りは大きいとみられていた。

五月十八日、土曜日の朝早く、後藤田は単身、東京・元麻布の金丸の家を訪ねていった。後藤田が金丸邸を訪問したのはこれが初めてである。後藤田はポロシャツを着ただけの身軽な格好だった。

「幹事長、田中派がいまのままではよくない。派内で竹さん（竹下のこと）をちゃんと処遇することを条件として、創政会の解散を考えたらどうだろうか」

「ウーン、私も派内融和が大切だと思っている。だが、若い連中がなんというか。意見を聞いてみるのにやぶさかではないが……」

金丸は後藤田の提案にこう答えていた。

そこで、金丸は五月二十九日朝、派内の当選六回以下の集まり「七日会」の会合に出席した際に、

「いまのような対立状況を一日も早く解消したい。その一環として、竹下君を田中派の副会長か会長代行に就任させてはどうか」

と提案した。

しかし、創政会側の議員たちは、竹下を総裁候補としてはっきり認知することが先決だといっ

て、金丸提案にはＯＫを出さなかった。

それでも、創政会側も派内融和の必要さは承知していたから、五月九日に予定していた三回目の定例会合は、今度は自分たちの主導で日延べをしていた。

結局、創政会が三回目（勉強会としては二回目、講師は大河原前駐米大使）の会合を開いたのは、六月二十六日であった。この会合には、新たに原田憲（衆院）、藤井孝男、杉山令肇（参院）の三人が秘書を代理出席させた。創政会出席者は、これで衆院三十三、参院十九の計五十二人となった。初めて五十人の大台を越えたのである。

この前後、金丸は、

「竹下を総裁候補にということで田中派内が一緒にやれるというのなら、『創政会』という名前を変えてもよい。看板をおろしてもいいんだ」

とまで、田中派の中堅議員たちに表明していた。創政会の後見人として、これまで突っ走ってきた金丸にしてみれば、驚くほどの転換であった。金丸はとにかく田中派が一本にならなければ、中曽根に対抗できないと考えていたのである。

このような派内の空気の下で、六月二十日は、いよいよかねて注目を集めていた「人間二階堂進君を語る会」のパーティー開催の日を迎えていた。朝から降っていた雨が夕刻近くにはやんで、会場のホテルニューオータニ「鶴の間」には、定刻の午後五時半前から続々と参会者が詰めかけてきた。

会場には、創政会、非創政会を問わず、田中派議員たちがほぼ全員、顔を揃えていた。

二階堂と田中派議員たちは互いに協力して、一枚三万円のパーティー券を約三万枚売りさばいたといわれ、それだけで九億円の収入である。二階堂はそうして得た資金のうちから、六月十四日には、田中派の八十五議員（閣僚経験者は除く）に対して、他派に先がけ一人二百万円ずつの夏の盆手当て計一億七千万円を配っていた。四十年にわたる二階堂の政治生活の中でも初めてのことである。二階堂とすれば、田中（角）の留守を預かり、あくまで田中の名代としての心構えのつもりだった。

だが、受けとった方は皆が皆、そう思っているわけではない。むしろ、毎年の当たり前ぐらいのことに思っている。

盆の手当てを二階堂から受けとったからといって、全員が二階堂を総裁候補として押し立てようと考えているわけではなかった。政界のルールは、まことに現金そのものである。

このために、六月二十日の二階堂大パーティーも、二階堂を派として総理・総裁候補として押し立てるという性格のものではなかった。もしそこに、田中が健在で出席していれば、話は違ったであろうが……。

金丸や竹下もあとから会場にかけつけて、二階堂に対する祝辞を述べたが、二階堂の下に田中派が従っていくとは、一言もいわなかった。

それよりは、二階堂の大パーティーにこと寄せて、創政会も非創政会もその夜だけは一緒に集まり田中派は割れていないと、外向けに派内融和のポーズを示すところに大きなねらいがあった。

二階堂自身は、田中派議員全員をうしろに従え、謝辞に立つと、七十五歳とも思えぬ元気な声で、

「あと何年生きるかわからぬが、平和と国民の幸せのため、おのれをささげていく」

と強調した。これは二階堂が自分なりに決意をこめて述べたものであったろう。

だが、総理・総裁の二句は禁句であった。もしそんなにおいを少しでも打ち出せば、会場に来ている創政会議員が反発を示すのは必至だからであった。二階堂もそのことは十分に承知していた。ひところのような意気の昂揚は、だいぶ後退していた。

二階堂の大パーティーが、まだ内外にさまざまな話題を投じているところで、通常国会は六月二十五日閉会した。法案成立率は、九一・七％という高いものであったが、国会の終盤にやっと提出された、衆院の定数是正の六・六増減案と共済年金改正法案などは継続審議となった。

梅雨空は重くたれ込め、東京の六月の雨量は月間三八一ミリを記録し、平年の二倍に上った。田中が倒れてからもう四ヵ月が過ぎた。

政界の当面の焦点は、七月七日投票の都議会選挙であったが、四年前に、人寄せパンダと自らいって都内をかけ回った田中の姿は、もちろんなかった。政局の底流にある最大のテーマは、秋の臨時国会召集問題がどうなるかということであった。

というのは、中曽根の心の中には、機会を得て再び解散、総選挙に打って出たいという気持ちがあり、秋に臨時国会を開けば、その可能性もないわけではないからであった。

中曽根が、再度の解散、総選挙断行のチャンスをねらっているのは、もちろん、それに勝利を

収めて、自らの政権の延命をはかるという野望と深くかかわっている。秋にやるのか、あるいは年末召集の通常国会後になるのか、さらに来年夏の衆参ダブル選挙になるのか、その時期はともかくとして、中曽根の本心はあくまで解散志向である。

自民党の党則に従えば、自民党総裁として中曽根の任期は来年秋には切れる。しかし、中曽根は、高い内閣支持率を背景に、さらに竹下、安倍、宮沢らのなお一つものたりない力量不足をみやりながら、長期政権樹立への思いを深めていた。自民党内の、そして民社党、公明党など野党レベルも含めての政権への闘いは、中曽根の野望を中心に新たな展開を始めていた。そこには、田中（角）の姿はもう完全に見られなかった。

都議選が自民躍進。公、共勝利。新自ク、民社伸び悩み。社会敗北の結果に終わったあと、夏から秋にかけて、六十一年予算の概算要求枠決定問題があり、五九中業（中期業務見積り）格上げと防衛費のGNP一％枠突破問題が控えていた。欧米を中心とする経済摩擦の問題も、なお深刻化する様相を示していた。

一方で、中曽根は教育改革、国鉄再建、さらに所得減税や相続税見直しを中心とする税制改革を前面に打ち出してきた。それも自らの主導による解散、総選挙や政権の維持策と深くつながっている。

中曽根の心の中にあるのは、秋政局の乗り切りと、さらに年をこして六十一年五月の東京サミットの成功である。秋か年末かという内閣、党役員の改造人事は、そのための体制再構築でもある。

これに対し、金丸、竹下はどう動くのか。金丸は七月四日夜、中曽根に招かれ首相公邸で二時間四十分にわたり会談したが、これが秋から来年にかけての田中抜き新政局の実質的始まりでもあった。

中曽根の動きを見ながら、いままでは政局の一方のカギを握る前首相の鈴木善幸や宮沢喜一は、またどう対応しようというのか。副総裁二階堂の動きも、鈴木の動きと微妙にからんでくる。

元首相福田と外相安倍の動向も大きな注目点である。秋の人事に際しては、蔵相竹下の下野説もささやかれるが、となれば、安倍はどうするのか。三光汽船問題で国務相を辞任した河本敏夫の動向もまた注目されるところである。

自民党内の動きを見やりながら、民社党では常任顧問春日一幸を頂点とする、連立連合への志向もきわ立ってきた。

〝田中抜き〟政局は、いままさに田中がいなくなったことによって、新しくかつダイナミックな動きを示すようになっていったのである。

真夏の間のしばらくの夏休みが終わると、八月末、田中派の「七日会」は静岡県函南で青年研修会を開いた。これを皮切りに自民党各派は九月初めから十月にかけて、派閥の研修会を開いていく。

こうして、また新たなる政治の世界の闘いが始まろうとしている。

終章 田中角栄の徳と不徳

本書『田中角栄戦国史　政治天才・権力支配の構図』が世に出てから三十四年が過ぎた。昭和、平成、令和と時代はうつったが、扇子をパタパタ扇ぎながら、だみ声でまくしたてる田中の姿がいまも目に浮かぶ。

本書の前史にあたる「三角大福中」の時代について、私が見聞きした事実や取材をもとに、ここで簡単に再現しておく。

昭和三十九年に成立した佐藤栄作政権は在任五年を超え、通産大臣だった田中は、「次は俺だ」という思いを強めていた。

田中は、雪深い新潟・二田村の産。二田高等小学校出でありながら、持ち前のバイタリティと抜群の頭の回転の速さで頭角を現し、二十二年の第二十三回総選挙で初当選する。それからわずか二十年にして、田中は自民党の総裁、総理大臣をうかがう位置にまで上り詰めていた。

野心を滾《たぎ》らせる田中。だが、本能的に田中に警戒心を持つ佐藤の腹は「福田赳夫への禅譲」だった。

四十四年十一月、佐藤は田中と福田を伴って訪米する。公式行事が終わると、ホテルの自室に田中と福田の二名を呼び出した。佐藤は、「福田君、田中君の順番でどうだ」と伝えたが、田中はこの取り引きに応じなかった。

両者の調整に失敗した佐藤は結局、四十五年の総裁選への出馬に踏み切る。対抗馬は、少数派閥・三木派を率い、「バルカン政治家」と呼ばれた三木武夫だった。この総裁選で田中は、「三木嫌い」で知られた副総裁・川島正次郎と組んで佐藤四選をお膳立てした。佐藤に恩を売り、最大のライバルである福田への禅譲を阻止するためである。

「人の心はカネで買える」と豪語した田中は、豪快にカネを集め、豪快にカネを撒いた。その資金力をバックに、佐藤派内に田中派を立ち上げる。このとき、佐藤派百二名のうち木村俊夫、愛知揆一など大物、良識派と呼ばれた面々も含め、八十一名が田中派に移った。

四十七年六月、ついに佐藤が辞任を表明し、七年の長期政権を手放すことになると、次期総理を決める自民党総裁選には田中と福田のほか、大平正芳、三木武夫の四人が立った。立候補を避けた中曽根康弘には、角栄陣営から数億のカネがわたったとウワサされた。総裁選の第一回の投票では、田中、福田の一位、二位が確実。さらに田中の「盟友」大平は決選投票では田中につく。

残った三木の動向が、総裁選の焦点のひとつだった。

私は読売新聞時代三木番記者で、のちにはその秘書に転じたから、三木から直接さまざまな秘話を聞いている。「田中君は桁違いの金銭感覚を持ち込んじゃった。あれは毒素みたいな男だ」と聞かされたこともあった。

田中の配ったカネは「桁が違う」といわれた。他の政治家もカネを配ったが、田中のカネは、もらったほうが目を丸くするような額だった。私が三木から直接聞いた、こんな秘話がある。

総裁選直前のある日、深夜一時すぎに東京・南平台の三木邸を密かに訪ねる者があった。三木派の中堅代議士・毛利松平《もうりまつへい》である。毛利は、寝ぼけ眼の三木と強引に面会すると、「どうしても会ってもらいたい人がいる」と切り出した。寝入りばなに来られて、当然三木は良い顔をしない。

「こんな時間だから、また日を改めればいいだろう」

しかし、毛利は引かない。

「この時間なら、新聞の締め切り時間を過ぎているからむしろ都合がいい」

やむなく三木が首をタテに振ると、二人を乗せた車が東京・九段のホテルグランドパレスに着くと、驚いたことに、そこには田中と金丸信がいた。ホテルの回転ドアの向こう側に、三木を待ち構えて立っていたという。

三木は顔色を変え、踵を返したが、すかさず金丸が走り寄って羽交い締めにした。金丸は学生時代、東京農大柔道部のキャプテンを務め、「東農大に金丸あり」とその名が轟いていた柔道の猛者。毛利は同じ時期に慶應大柔道部のキャプテンを務め、金丸とは学生時代からの親友だった。

「ぜひ、私を支持していただきたい」

田中は神妙な顔で、三木に頭を下げたという。二年前には敵方として戦った三木にさえ、平気で頭を下げる。それが角栄という男だ。

一方の三木も、一筋縄でいくような政治家ではない。ある条件をつけて、決戦投票で田中を支持することを約束した。それについては後述する。

四十七年七月五日に行なわれた総裁選は、第一回の投票で田中百五十六票、福田百五十票と拮抗したが、多数派工作が功を奏して、決選投票では二百八十二対百九十と大差がつく。田中角栄が念願の総理の座を摑んだ。

国民は「今太閤」「庶民宰相」と言って、そのサクセスストーリーを羨望した。三木番記者の私の目から見ても、田中は人間くさい魅力に溢れていた。

来るものは拒まず、「だれでもかまわんよ」と公言し、東京・目白の宏壮な自宅は番記者以外にも開放されていた。邸内のプレハブの部屋には、常にオードブルと酒が並べられ、客は自由に飲み食いした。田中はウイスキーをグラスに注ぐと、氷をちょこんと入れ、ほとんどストレートのままグッと一息で飲み干してしまう。記者が東京や静岡の出身と聞くと、しみじみとこう語った。

「君たちはいいな、陽の当たるところで過ごせて幸せだな。俺の生まれた新潟は雪深く、一年の半分は雪に覆われている。親父は出稼ぎに出て、半年は会えない。子どもの頃は本当に大変だった。だから新幹線や高速道路を敷いて故郷に報いたい……」

　こういう率直な言葉が、人の心を打つのだ。田中が支持される理由は、こんなところにあったと思う。

　田中首相の訪米に、記者団の一人として同行した際の思い出も忘れがたい。

　日本航空からチャーターしたＤＣ―８は、アンカレッジで途中給油し、翌朝サンフランシスコに到着した。

　田中はすぐさま朝食会をこなすと、シカゴに飛び、地元の有力者らと盛大な昼食会にのぞむ。ワインも供される、豪勢なものである。三たび飛行機に乗り、夜はワシントンで夕食会に出た。

　到着したその日、田中は、同じ紺のスーツで朝食会と昼食会と夕食会をこなした。紺のスーツは冠婚葬祭どんな場でも違和感がないというので、田中の定番だった。

　到着翌日は米政府主催の正式な歓迎式典が開催されたが、このときも田中は紺の背広姿だった。

　ホワイトハウス南庭（サウスローン）でリチャード・ニクソン大統領、ヘンリー・キッシンジャー大統領補佐官と並んだ田中を、記者席からよく見ると、ズボンの裾が長く、靴のかかとで踏みつけ泥がついている。しかし田中は、一向に気にする風もなかった。

　総理となった田中は精力的に動く。組閣から二ヵ月後に大平正芳外相、二階堂進官房長官を伴って訪中し、日中国交正常化を果たした。

実は田中は、これによって三木との約束手形を落としたのである。

総裁選の三ヵ月前、四月に訪中していた三木武夫は、周恩来首相と会談し、中国を唯一の正当な政府と認めるなどとする「復交三原則」で秘密合意していた。三木はホテルグランドパレスで田中、金丸から支持を求められた際、この中国との国交回復を条件として持ち出していた。田中はその条件を「呑む」と即答したという。

三木と田中のもうひとつの密約は、田中総理が実現した場合、三木を副総理とするというものだった。

第二次田中内閣が成立すると、三木は副総理格兼環境庁長官として入閣するが、あくまで「副総理格」で、法律に基づく正式な「副総理」ではなかった。首相官邸近くの合同庁舎に専用の部屋があり、秘書も付くが、「格」の一文字がなかなか取れない。苛立った三木は繰り返し田中をせっついたが、田中は「そのうちに」と言を左右にしてなかなか三木の希望を叶えようとしなかった。このへんが田中のしたたかなところだ。

一方、三木は、田中への怨念を募らせた。

総理となった田中の人気は、絶頂にあるように見えた。著書『日本列島改造論』（日刊工業新聞社）は九十一万部のベストセラーとなり、日中国交正常化で長年の懸案だった補償問題に決着をつけたことも、好感されていた。

しかし、時代はこのころ、大きな転換点を迎えようとしていた。

昭和四十八年十月に勃発した第四次中東戦争と、その後のオイルショックにより地価・賃金が高騰し、「狂乱物価」が庶民の暮らしを直撃した。消費者物価指数が前年比二〇パーセント以上上昇するインフレが起こったのである。「日本列島改造」を掲げた田中が、公共事業を連発したことの影響もあった。

四十九年七月、田中は総理としての威信を懸け、参院選にのぞむ。自民党を支持する各業界から巨額の資金を集め、全国区には女優の山東昭子や山口淑子（李香蘭）、ＮＨＫアナウンサーの宮田輝らタレント候補を擁立。田中自身、ヘリコプターをチャーターして全国を飛び回った。

しかし、世論の風当たりは強く、野党も田中型政治に批判の声を強めていた。婦人運動家の市川房枝、タレントの青島幸男が田中批判を繰り返し、合わせて約三八〇万票を獲得して全国区の二位、三位となった。

『文藝春秋』四十九年十一月号に掲載された二つの記事が、政界の流れを大きく変える節目となった。

田中ファミリー企業による土地転がしと、資金の流れを詳細にレポートした立花隆の「田中角栄研究――その金脈と人脈」と、田中の金庫番で愛人の佐藤昭の存在を取り上げた児玉隆也の「淋しき越山会の女王」である。

当時、新聞、テレビの政治部記者たちの受け止めはどうだったか。私の記憶では、記者たちの多くが『文藝春秋』を争って読んでいた。佐藤昭の存在は記者にはよく知られていたし、金脈についても薄々は知っていた。しかし、だれも書かなかった。

なぜか。それは、記者たちも「金権」のおこぼれにあずかっていたからだ。田中は外遊のたび「お土産」と称して記者たちにも高級な洋酒や時計、万年筆、ライターなどをプレゼントしていた。恥ずかしい話だが、私も高級ライターをもらい、一時は喜んで使っていた。現ナマをもらっていた記者もいたかもしれない。政治記者と政治家は、同じムラ社会の中にいた。

金権批判に対し、田中は必死に反論したが、外国メディアなどの追及もあり、ついに万事休した。

田中は昭和四十九年十二月九日に内閣総辞職する。政権の座についてわずか二年五ヵ月、五十六歳の若さだった。

世論の風当たりは、想像以上だった。インフレで生活が厳しさを増すなか、ファミリー企業による土地の買い占めや転売で巨額の利益を手にした田中に対する怒りが、その根底にあった。

次期総裁の選任を委ねられた自民党副総裁の椎名悦三郎は、十二月一日、党総裁室に福田・大平・中曽根の三人を呼び、裁定文を読み上げた。

「政界の長老である三木武夫君が最も適任であると確信し、ここに御推挙申し上げます」

ついに政権が転がり込んできた三木は、「晴天の霹靂だ」と言ったと伝えられているが、私の知る限り、それは嘘だ。三木は、事前に知っていたのだ。

椎名は、事前にあちこちに根回しの連絡を入れており、三木の手元には裁定文の原案まで届いていた。そこには「政界の長老である三木武夫君」とあったが、三木は、長老の上に「最」という字を加えて椎名に戻した。それを見た椎名は、

「何を言ってんだ、馬鹿野郎」

と言って、「最」を削って発表したというウラ話まである。

裁定文の内容は、事前に佐藤、福田そして田中にも伝わっていたが、大平だけは知らず、慌てて盟友の田中の自宅に向かった。田中は「この場は三木でしょうがない」と大平をなだめたという。田中は、いったんは三木に政権を預けるが、ほとぼりが冷めればもう一度総理の座に戻るつもりだったのだ。

しかし、五十一年二月、アメリカ上院で行われた外交委員会多国籍企業小委員会（通称チャーチ委員会）でロッキード事件が発覚、田中の復権の目は永遠に失われる。

三木は「日本の政治の名誉にかけてロッキード事件の真相を究明する」と大見得を切ったが、足元では「三木おろし」の圧力にさらされていた。

七月二十七日、東京地検特捜部が田中を外為法違反容疑で逮捕、その後受託収賄容疑でも逮捕・起訴した。田中は自民党を離党したが、田中派は最大派閥の勢力を保ったままで、その影響力は衰えなかった。

田中は「目白の闇将軍」といわれるようになるが、最大派閥の領袖が党外から権勢を振るうというこの構図が、その後大きなひずみをもたらすことになる。

私は三木内閣成立をきっかけに読売新聞を退職し、三木首相の秘書となった。三木と行動をともにする中で見聞きした政界の奥座敷の暗闘が、その後の評論活動の財産となった。とくに印象深いのは、「ニセ電話事件」である。

昭和五十一年八月四日の午後十一時頃、京都地方裁判所の現職裁判官だった鬼頭史郎が、「検事総長の布施健」を名乗り、三木首相の私邸に電話をかけ、総理に取り次ぐように伝えた(私もこのとき、三木邸内にいて不思議な雰囲気であるのを知っていた)。

三木は、布施とは検事総長就任時に挨拶を交わしただけで、ほとんど面識がなく、すっかり布施本人だと思い込んでしまったのだ。

ニセ検事総長の鬼頭は、三木にこう伝えた。

「中曽根幹事長には、収賄の容疑があります。今夜中に令状を取り、明朝にも逮捕せざるを得ません。ご了解いただきたい」

三木は相手がニセ者と気づかぬまま一時間近くやりとりを続けたが、最後まで、

「政治的に関与することではない。検事総長の判断にお任せする」

という姿勢を貫き、電話を切った。

その直後、寝室から出てきた三木と睦子夫人の青ざめた表情を、いまも記憶している。我々秘書も、電話があまりに長く続くのでなにごとかと訝しんでいた。

鬼頭がなぜこのような謀略を行なったのか、その後本人が口をつぐんでいるため真意はわからない。ただ、このときの会話はすべて鬼頭によって録音されており、政治スキャンダルになる恐

れがあった。三木は大きな政治リスクを抱え込んだ。

この録音テープは、私の古巣である読売新聞の社会部に持ち込まれていた。私は三木の指示で、編集局参与の渡辺恒雄（現読売新聞グループ本社代表取締役主筆）のもとに走ったが、渡辺も、「俺が聞いても、これは三木の声で間違いない。社会部は書くと言っているよ」と渋面を作るばかりだった。

数日後、読売新聞の記事が出たが、世間の目はロッキード事件に向いており、心配された三木批判に発展することはなく、私は胸を撫でおろした。

ニセ検事総長の鬼頭判事補はその後官職詐称で起訴され、失職する。


結局、三木は党内の逆風に抗しきれずにこの年十二月に総辞職し、福田赳夫に待望の政権の座が転がり込んだ。その後大平、鈴木善幸と政権は受け渡されたが、「闇将軍」田中は派閥の勢力を維持し、キングメーカーとして君臨しつづけた。

本書は、その田中の権力の最後の光芒を捉えたものである。

五十七年に成立した中曽根内閣は「直角内閣」「角影内閣」と批判されたが、六十年二月、田中が脳梗塞で倒れると、政界の局面は一気に変わった。竹下登が創政会を旗揚げ、中曽根は長期政権を睨んで権力基盤を固めるなど、政界が「角抜き」を前提に動き始めたのである。

本書では、そこまでの政治暗闘を描いている。

病に倒れた田中角栄は、長女・真紀子の強い希望で病院を退院し、目白の自宅でリハビリ生活を送った。昭和六十一年の第三十八回総選挙でトップ当選を果たしたものの、任期中一度も国会に登院することはないまま、平成二年（一九九〇）一月に政界を引退。一九九三年十二月十六日、七十五歳で死去した。

田中が亡くなって二十五年余が経ったが、その人気はいまも健在だ。

かつて田中政治批判で名を売った石原慎太郎が、田中の人間力について書いた『天才』は八十万部を超える大ベストセラーとなり、娘の真紀子や秘書の著書をはじめ、「角栄本」はいまも続々と刊行されている。

田中角栄は、なぜこれほど愛されるのか。

オイルショックに見舞われるまで、日本は、高度経済成長の高揚の中にいた。田中は、その時代の最後を飾る政治家だったように、私は思う。

田中の徳は、その飾らない人間性、親しみやすい人柄にあった。酒に酔い、興に乗ると広沢虎造の浪曲をうなった。郵政大臣に就任したとき、NHKラジオに出演して浪花節を披露したことで、一気に庶民の心を摑んだ。

一方で田中の不徳は、度を越した金権政治と、女性問題だ。佐藤昭以外にも愛人女性や愛人に産ませた子どもがおり、そのことを隠そうともしなかった。

高度成長の時代が終わり、徐々にそうした「不徳」が許容されない世の中に変わりつつあった。田中は、その時代の変遷に置き去りにされたように私には思える。

三木番記者だった私の目から見ても、田中は天から遣わされたとしか思えない、魅力に溢れた人物だった。毀誉褒貶あったが、不世出の政治家といってもいい。田中政権が成立した直後、「この政権が終わることがあるのだろうか」と思ったことをよく覚えている。田中の日本列島改造計画によって、高度成長はさらに進むのだろうと感じていた。しかし、オイルショックをきっかけに時代の針は大きく動いた。

二〇一九年早春、講談社第一事業局浅川継人氏から、本書を再刊したいという申し出があった。

あらためて読み返したところ、自分でも驚くほど三木武夫、田中角栄、福田赳夫、中曽根康弘、竹下登ら躍動感ある権力闘争の数々が細かく記されている。

戦後政治の一資料として、多くの読者に手にとっていただければなによりの幸せだ。

二〇一九年（令和元年）五月

中村慶一郎

本書は一九八五年にビジネス社から刊行された『田中角栄戦国史　政治天才・権力支配の構図』に新たに終章を加え、復刊したものです。

中村慶一郎（なかむら・けいいちろう）
1934年東京生まれ、政治ジャーナリスト。早稲田大学政治経済学部卒業後、読売新聞社に入社。地方部を経て政治部に勤務し、三木武夫番記者となる。1974年読売新聞社を退社し、三木首相（当時）の報道担当秘書及び政務秘書官を務める。その後、ラジオ日本報道部長などを経て、1984年より政治評論家となり、NTV系列「じぱんぐあさ6」「NNNきょうの出来事」でコメンテーター、ニュース解説を担当。現在も幅広い政界人脈を保ち、政局の先読みの鋭さには定評がある。

昭和政争《しょうわせいそう》1　闇将軍《やみしょうぐん》・角栄最後《かくえいさいご》の1000日《にち》

二〇一九年七月九日　第一刷発行

著者　中村慶一郎《なかむらけいいちろう》

発行者　渡瀬昌彦
発行所　株式会社　講談社
東京都文京区音羽二丁目一二－二一　郵便番号一一二－八〇〇一
電話　編集　〇三－五三九五－三五二二
販売　〇三－五三九五－四四一五
業務　〇三－五三九五－三六一五
印刷所　株式会社新藤慶昌堂
製本所　株式会社国宝社

ISBN978-4-06-516456-3